点亮亲子学院

培养有国际竞争力的中国孩子

京華菜子学院

培养有国际竞争力的中国孩子

学霸小孩养成课 3

助孩子提升学习力，实现成绩跨越式进步

Auch das lernen kann man lernen

[德] 伊丽莎白·奥斯特-克劳斯　佩特拉·哈姆 / 著
湘雪 / 译

中国经济出版社
CHINA ECONOMIC PUBLISHING HOUSE

·北京·

图书在版编目（CIP）数据

学霸小孩养成课. 3，助孩子提升学习力，实现成绩跨越式进步 /（德）伊丽莎白·奥斯特-克劳斯，（德）佩特拉·哈姆著；湘雪译. -- 北京：中国经济出版社，2022.5

（全球教子智慧书系）
ISBN 978-7-5136-6859-0

Ⅰ. ①学… Ⅱ. ①伊… ②佩… ③湘… Ⅲ. ①学习方法-家庭教育 Ⅳ. ①G791 ②G78

中国版本图书馆 CIP 数据核字（2022）第 046989 号

Auch das Lernen kann man lernen.
Was Sie tun können, damit Ihr Kind gut und gern lernt
Dr. med. Elisabeth Aust–Claus, Dr. Dipl.–Psych. Petra-Marina Hammer(c) Copyright Oberstebrink c/o Körner Medien UG, 2015
Herzog-Heinrich-Straße 5, 80336 München
Tel.089/33095656
info@koerner-medien.com
www.oberstebrink.de

著作权合同登记号　图字：01-2022-1306

项目策划	崔姜薇
策划编辑	张　博
责任编辑	王骏雄
责任印制	马小宾
封面设计	任燕飞装帧设计工作室
封面插图	晓　静
内文插图	晓　静

出版发行	中国经济出版社
印 刷 者	北京富泰印刷有限责任公司
经 销 者	各地新华书店
开　　本	880mm×1230mm　1/32
印　　张	5.625
字　　数	90千字
版　　次	2022年5月第1版
印　　次	2022年5月第1次
定　　价	58.00元

广告经营许可证　京西工商广字第 8179 号

中国经济出版社 网址 www.economyph.com 社址 北京市东城区安定门外大街 58 号 邮编 100011
本版图书如存在印装质量问题，请与本社销售中心联系调换（联系电话：010-57512564）

版权所有　盗版必究（举报电话：010-57512600）
国家版权局反盗版举报中心（举报电话：12390）　　服务热线：010-57512564

前言

您的孩子在某些方面还未能达到与同龄孩子相同的水平吗?那或许是因为您的孩子在另一些方面的才智恰好是其他同龄孩子所不能企及的。作为父母,您是否已深陷"内卷"的旋涡而无法自拔?请不要让自己被其他"野心勃勃"的父母影响而变得忧心忡忡、焦虑不堪。毕竟,孩子的成长不是竞赛。一路领先的"兔子"不一定会成为最后的赢家。

即便您的孩子目前在学习上遇到了重重阻碍,您也可以通过对本书内容的学习,帮助孩子养成良好的学习习惯，进而引导孩子提升自主学习力，助力孩子实现从"普娃"到"学霸"的逆袭。

在第一章"帮帮忙，我的孩子对学习没兴趣"中，您将了解到，怎样从整体上并正确看待孩子发展水平"蓝图"，以及如何帮助孩子逐步做好幼小衔接的准备工作。

在孩子升入小学前，您是否认真思考过，您的孩子是否已做好上学的准备？每个孩子都有自己成长和发展的轨迹，会按照自己的步调逐渐适应校园生活。

在第二章"我的孩子真的可以上学了吗"中，您可以了解到如何判断孩子是否已做好了上学的准备。您的孩子是不是很厌恶上学呢？如果是的话，那么请先找出其背后的原因。通常，孩子对学校的抵触来自与老师或同学的互动关系，而与学习并无太大关联。

在第三章"妈妈，我不想去学校"中，您将了解到，出于哪些具体原因，孩子会逃避上学，以及该如何规避孩子逃学、厌学的状况。

处理好孩子逃避上学的问题后，您的孩子在日常学习的过程中是否也遇到了困难？

第四章与第五章的内容，将使您对"积分奖励计划"有所了解并爱上这个计划，帮助孩子在家专心致志地学习。

在第六章与第七章中，您将了解到，该怎样与孩子一起制订每日学习计划，高效完成家庭作业。让孩子在不焦虑的状态下完成每日学习内容的同时，还有足够的时间玩耍。

如果您认为孩子学习方面出现问题已不单单是"不愿意""没兴趣"，而是"不能"很好地进行学习，那么本书第八章的内容或许会对您有所帮助。

这本讲述如何培养孩子自主学习力的书，将帮助您引导孩子养成良好的学习习惯，提高学习效率，使孩子学会学习，爱上学习，同时提高学习成绩。

学霸小孩养成课3：
助孩子提升学习力，实现成绩跨越式进步

目录 contents

1 "帮帮忙，我的孩子对学习没兴趣"

儿科医生的经验	003
心理医生的亲身经历	007
"别人的孩子早就学会了，为什么我的孩子还学不会呢？"	010
升学初体验	016
与学习无关的"学习问题"	019

2 "我的孩子真的做好去上学的准备了吗"

大脑的秘密	027
请允许孩子按自己的步调成长	030

"妈妈，我不想去学校"

都是灯芯绒套装惹的祸	039
"胖猪"丽萨	041
勇气测试	043
受惊的"无尾熊"	045
温室效应	047
由电视引发的一系列问题	049

如何避免学习上的"失败"

挫折的怪圈	055
图"话"心语	061
提升学习力的前提条件	065

从"应该"转变为"愿意"

早起的鸟儿有虫吃	073
"防备"胜于"责备"	077
为良好开端做准备	079
中性的第三者——闹钟	082
积分奖励计划:日常生活篇	084

计划为王

令人头疼的家庭作业	99
家庭作业计划	102
积分奖励计划2:家庭作业篇	104
书桌整齐,学习有序	107
书包整理计划	110
今天你记作业了吗	113
时间管理计划	116
告别填鸭式学习	119
随堂考试计划表	122

7 提升学习力，原来还可以这样做

优先奖励原则	133
"我想要"原则	135
用支持取代要求原则	137
请为孩子力所能及的一切感到骄傲	144
孩子写作业 Q&A	146

8 特殊情况——注意力缺陷障碍&学习障碍

注意力缺陷多动障碍	153
学习障碍	158

如果学习也能像做游戏一样有趣就好了

CHAPTER 1
"帮帮忙,我的孩子对学习没兴趣"

在本章,您将了解到:
- 如何判断孩子在学习方面的发展是否正常
- 幼小衔接阶段,父母如何做,才能帮助孩子顺利开启人生新旅程

儿科医生的经验

作为一名儿科医生,我很熟悉为人父母者津津乐道的那些话题。他们聚在一起时,总爱滔滔不绝地讲述自家小家伙那些"神奇"的能力。对于自家孩子在学业上的进步,为人父母者也总会流露出溢于言表的喜悦。

当孩子到了该上学的年龄,不少父母都会产生这样的疑问:"我的孩子会喜欢去上学吗?""我的孩子能适应学校的生活吗?""老师会喜欢我的孩子吗?"如果在父母心中,上述问题的答案不是坚定的"Yes",或是孩子曾明确表现出对上学的厌恶情绪的话,那么对于父母和即将上学的孩子来说,也许未来的日子里,他们会常常与不安和焦虑为伴。

  法比安在学校完全感受不到任何乐趣。他的父母这样描述:"法比安现在7岁了。婴幼儿时期的他非常可爱,但也的确让人操心。在成长发育方面,他比其他同龄孩子要早一些。法比安刚满4岁的时候,就能骑着没有侧轮的自行车,像赛车手一样在街头'飞驰'。他是一个胆大鲁莽的孩子,喜欢尝试新玩意儿,从不知畏惧为何物。有时,他因为过于兴奋而无法意识到危险,所以我们不得不制止他做一些事情。但相较于他的胆大鲁莽,真正令我们伤脑筋的问题,在他上学后才暴露出来。他扰乱课堂的秩序,上课注意力涣散,无法融入班集体……我们几乎每周都会被他的老师请到学校。法比安只做他喜欢的事情,但上学和家庭作业绝对不在他喜欢的事之列。学校老师提醒我们,如果法比安继续这样下去,有可能会面临被转送至特殊学校的危险。天啊,那可是针对行为异常的孩子进行教育的学校啊。"

  8岁的玛莱卡让她的妈妈开始怀疑人生。"玛莱卡没有一天早上不吵闹的!她穿衣服磨蹭,不肯吃早饭,每天出门上学的时候,她便开始四处翻找她的课本文具。最后,我总是不得不帮她一起找,催促她上学快迟到了。因为她的拖拉,她常常会错过校车,所以我不得不开车送她去学校。她自己反倒跟没事人似的,完全不在乎。"

阿德丽安娜对上学感到十分沮丧。就像老师说的那样,她总是呆呆地望着天空,仿佛那里有个洞。她听课不专心,整天如坠梦中,但她却说:"反正不管怎样,我肯定不会及格。"由于常常感到失落、沮丧,她每天下午便会狂吃各种甜食,导致她开始渐渐发胖,她的同学都开始喊她"肥婆"。她也因此越发不愿上学了。

贝内迪克的幼儿园老师说:"一方面,贝内迪克很内向,以致大家常常忘记他的存在;而另一方面,他又很容易激动,有时还会做出具有攻击性的行为。集体游戏时,他总喜欢一个人躲起来玩,之后他又会突然出现,在操场上狂奔。他的行为总令人觉得很极端,令人费解。"

在家中,贝内迪克也总是自行其是,他喜欢做算数题。还未上小学的他已经能做100以内的加减计算了。不仅如此,他还能自己一人进行简单的计算机操作。但对于绘画,他就不是那么得心应手了。

上小学3年级的伊内斯虽然喜欢上学,但每天放学后,却总感觉筋疲力尽。最近一段时间,她总觉得压力很大,并时常感到焦虑。她很希望自己能像哥哥菲利普那样，无论学什么都能很快掌握要领。可她从上一年级起，对学习就深感痛苦，尤其在数学方面，她只有在爸爸的帮助下，才能顺利地完成作业。

在儿科诊所，医生每日的工作都毫无例外地要与像法比安、玛莱卡、阿德丽安娜、贝内迪克，以及伊内斯这样的孩子打交道。不知您家的孩子，是否也出现过上述类似的情况？

其实，根据儿科医生的经验，孩子如果出现经常性的头疼、肚子疼等身体不适的症状，大都是他们不适应学校的教育或管理模式而引起的。

儿科医生会告诉那些寻求帮助的父母，对外部世界兴味索然的孩子，恰恰是在寻求帮助。实际上，这些孩子也非常渴望能够发现学习的乐趣，并获得成功。他们也想终有一日，在全班同学面前获得老师的表扬，并希望在自己的作业本上看到老师的评语是："你真棒！"

心理医生的亲身经历

"我的女儿吕蓓卡在学校遇到了一些问题,这是我做梦也想不到的。还记得在来到这个世界还未满12个月的时候,她就已经可以说由两个词组成的句子了。她对一切都表现出浓厚的兴趣。她对事物充满了好奇心,能量似乎总也用不完。她3岁的时候,所有人都对她表现出的自信和机敏而感到惊讶。那时候,好像没什么能难倒她,对大人提出的问题,她也总是能够很快地找出答案。凡是看过她'行为艺术'的人,都说她将来定会成为一个连跳三级的神童。然而,事情的发展完全是另一个样子。刚上了一个星期的课，吕蓓卡就告诉我，上学不是'她的菜'。老师要求他们要乖乖地坐着，安静听课，还要他们以绘画的形式把自己认识的德语字母画出来。她说谁也不能要求她去做这种事。我和丈夫费尽心思、绞尽脑汁地想要劝说她，像是'等你认识了所有字母，就可以认识很多的单词了，那该多棒啊'。本以为这样说，会令她重拾对学习的兴趣。但根本没用！两天后，她砸碎了她的猪猪储蓄罐。她看起来是经过了深思熟虑，一本正经地通知我和她爸爸：'我已经做出决定了，学校不适合我，所以我不打算再去上学了。'那段时间对于我和丈夫来说，可谓不堪回首。我们常常为此感到束手无策，不知该如何劝服吕蓓卡。"

"我想不能再任由事情这样发展下去了。于是，我便投身于儿童心理治疗方面的研究。开始的时候，是不得已而为之的"紧急救援"，之后则更多的是出于兴趣。我对儿童心理治疗领域产生了前所未有的求知欲。因此，我放弃了我最初的成人心理治疗领域，转而投入儿童心理治疗领域的研究。"

"后来我不断进修儿童心理方面的课程，还参加了很多专题会议。在此期间，我积累了宝贵的经验。同时，我还与儿童神经学专家，伊丽莎白·奥斯特-克劳斯博士密切合作,我们相互交换经验和专业知识,为那些因孩子厌学问题而来诊所求助的父母提供更好的支持。"

"如今,当我们一家人再次谈起当年吕蓓卡厌学的事时,我们会把它当作茶余饭后的谈资,一件趣闻轶事,云淡风轻地一语带过。"

"别人的孩子早就学会了,为什么我的孩子还学不会呢?"

初为人父母时,谁又不曾充满骄傲地将孩子成长的里程碑一一记录下来,满心欢喜地欣赏着孩子迈出的每一个脚印。在这个过程中,为人父母者每天都能看到新的"奇迹"发生。最令人惊讶的应该是这些"小人儿"在认知上的突飞猛进。尽管如此,父母还是会不由自主地产生焦虑感:我的孩子发育正常吗?他是否需要更多的支持呢?在这个竞争日益激烈的世界里,他能够生存并出人头地吗?

当胎儿的轮廓显示在 B 超屏幕上时,父母便开始陷入一种复杂且凌乱的感觉之中——无以言表的巨大幸福感、要对孩子负责到底的恐惧感,以及孩子能否快乐成长的焦虑感,所有的感觉如一团乱麻交织于心,一路伴随着父母,走过孩子成长的每一个阶段。

一位母亲讲述道:"我对我的儿子亚历山大再次产生了质疑。亚历山大和薇欧拉不仅是同一个幼儿园的同龄孩子,他们还在同一家游泳培训中心学游泳。昨天,我陪亚历山大去学游泳。我看到薇欧拉在儿童池里开心地扑腾着,连浮板都没带,而我的亚历山大却正好相反,他死死地贴着泳池的边缘,哪怕套上了救生圈,他也不敢像薇欧拉那样愉快地玩水。薇欧拉的妈妈问我亚历山大现在几岁了,我回答说:'2个月前刚满6岁,不过他一直都怕水。'冬天的时候,薇欧拉的妈妈给薇欧拉报了游泳班,那孩子没上几次课之后,就学会了游泳。薇欧拉的妈妈安慰我说:'亚历山大肯定也能很快学会游泳的。'她说得很轻松,但她要是知道亚历山大之前有过多少次痛苦的游泳课经历的话,估计她就不会这么说了。每次我陪亚力山大去上游泳课,他的叫喊声几乎能把游泳馆的顶棚掀翻。他根本不敢离开我一步,尽管我向他承诺,如果他愿意勇敢尝试一次,我可以给他最棒的奖励,可还是无济于事。我完全搞不明白,为什么我的儿子如此胆小,没有运动细胞呢?"

相信亚历山大的情况绝非个例。如果看到其他孩子很快就掌握了某项技能，而自己的孩子却在这项技能上毫无进展时，作为家长，您一定会感到十分焦虑，甚至有可能会怀疑自己的孩子未达到所属年龄段的儿童发展平均水平。

其实，您不应被"儿童发展研究数据"所影响。此类数据只具有统计学意义，对您来说，它并没有太大的参考价值。您如果想要了解孩子在哪些方面有才能或是天赋，可以通过回答下列问题进行初步的判断。

- 他擅长什么？
- 他喜欢做什么？
- 他经常试图回避做什么？
- 他更乐于通过什么途径学习？
- 他是否很自信？
- 他经历过哪些失败和挫折？
- ……

每个孩子的成长与发展，自出生之日起就存在极大差异，每个孩子的"认知渠道"也不尽相同。举例来说，对有些孩子来说，最有效的学习是通过"感受"来进行的。也就是说，他们缺乏通过"听"和"说"来理解事物的能力。而有的孩子则正好相反，他们的"认知渠道"不是通过感知，而是通过准确的观察和描述来体会和领悟。

回到上文的例子，亚历山大显然不是一个"游泳健将"，他需要脚下有坚实的土地才会安心。类似像薇欧拉和亚历山大在游泳技能上的差异，我们可以在许多同龄孩子的身上看到。父母应了解的是，这实属正常现象，无须拿自己的孩子与他人做比较。

孩子上幼儿园后，会看到一个全新的世界。他们带着好奇心，开始了对世界的探索之旅。不论是与其他孩子一起玩耍，还是在游戏中尝试发展自己的能力，实现自己的想法，这些都对他们具有极大的吸引力。所有的这些经历会紧密相连，影响着孩子的整体发展——包括身体的协调性、观察力、逻辑分析能力、语言表达能力等。他们很快便能学会用叉子吃饭，用剪刀裁剪卡片，穿衣、脱衣，用铅笔画画……

弗兰克的妈妈说："以前，我一直为儿子的运动天赋感到开心。可自从他上了幼儿园以后，他的老师总向我抱怨他太野了，无法像别的孩子那样安静地坐在桌旁画画、读绘本、制作手工艺品，这些都让他觉得很没劲。弗兰克拒绝参加任何手工制作活动以及围坐在椅子边的游戏，不仅如此,他还会打扰其他孩子。圣诞节庆祝活动的照片上,根本就看不到弗兰克的影子。因为他没参加任何活动,而是藏在了桌子底下。说真的,我对弗兰克感到有些失望。"

弗兰克的妈妈继续说:"弗兰克马上就要上小学了,真不知他能否适应学校的生活,是否能专心致志地学习……"

弗兰克在幼儿园表现不佳,究竟是因为他胆大妄为,还是因为他有发展障碍呢?

儿科医生为弗兰克做了一项全面检查,证实了弗兰克在身体、心智等各个发展领域中都是正常的。不过,通过检查,儿科医生注意到弗兰克做事容易分心。当弗兰克被要求静坐5分钟时,他总是扭来扭去地坐不住。据此,儿科医生得出的结论是:弗兰克很难专注完成一件需要耐心的事情——例如绘画、写作等。

此外,弗兰克也无法专心倾听他人说话,所以他很难接收到外界的信息。儿科医生认为,弗兰克并不比其他同龄孩子的智商低,但为了弗兰克能顺利地从幼儿园升入小学,他必须学会专注。

如果您的孩子在某个领域的发展不如同龄孩子,请不要过于担心,因为这并不意味着您的孩子没有达到他所属年龄段的正常发育水平。也许,他在某个您还未注意到的领域的发展水平要远高于其他同龄孩子。如果您不仅发掘出孩子的优势，还时常给予孩子鼓励与称赞，那么您的孩子一定会感到非常幸福。这也正是让孩子爱上学习的最佳前提条件。千万不要让自己陷入将自家孩子与别人家孩子做比较的泥潭中无法自拔，这并不利于孩子的成长和发展。

像弗兰克一样的孩子，在学会学习之前，必须首先学会集中注意力。为了达到这一目的，固定的日程安排会是一个非常好的定向支撑。按照日程安排规律地生活，可帮助孩子协调并维持好大脑兴奋和安静的阶段，进而能够有意识地学会倾听、观察，并从外部获得更多的信息。

升学初体验

马克斯的父母回忆说:"马克斯 6 岁生日的那天,真的令他们疲累不堪。马克斯激动得失去了控制,像弹球一样蹦来蹦去。他不停地四处跑动,玩游戏也不肯遵守游戏规则。马克斯喜欢玩乐高。有时候,他能够专心地玩乐高玩上半个小时,不会被其他事情干扰。但对于其他的个人游戏,他则完全没有兴趣。马克斯喜欢在床上蹦来蹦去或是哭哭啼啼地要别人陪他玩。除乐高外的其他玩具,他不能独自一个人玩超过 5 分钟。可每次我们陪他玩游戏时,他如果输了,就会很生气。"

马克斯的父母对马克斯到了该上小学的年纪这件事可谓百感交集。一方面，他们对马克斯已掌握了不少知识的事感到很欣慰，甚至有些难以置信。可另一方面，他们对马克斯爱到处招惹是非，无法安静独处这件事也很是头疼，马克斯的父母担心马克斯无法适应小学生的生活。为此，他们带马克斯去儿科诊所寻求专业性帮助。

在进行治疗的过程中，马克斯画了一幅自画像。他仅用了很短的时间便勾勒出一幅自画像，对于一个还未上学的孩子来说，这幅画可以称得上是一幅完整的"人像"画了。对比马克斯一年前在家所绘的自画像，我们能清楚地看到，他的绘画能力有了很大进步。

在幼儿园，马克斯能做的和喜欢做的事情有很多。可学校生活完全是另外一回事。在学校，马克斯将被要求在固定的时间内，完成指定的任务。他必须学会等待，控制自己临时冒出来的想法，他还需要学会独立完成一些事情。老师会口头布置作业或是其他学习任务，而不再会把所有的内容都示范一遍。

通过以上的介绍，我们可以发现：从幼儿园升入小学，孩子的生活会产生一系列的变化。一夜之间，许多新的要求——秩序、纪律、专注出现在他们的生活中。所有的这些都需要学习,当然,大部分的孩子是可以学会的,尤其在父母的帮助下。

适应学校的过程很难一蹴而就,它不能只是对孩子的一个简单硬性的安排。父母应引导孩子循序渐进地适应学校生活。

与学习无关的"学习问题"

一般来说,刚步入小学的孩子应该已经学会写自己的名字,也可以掰着手指做简单的加减计算了。他们兴奋地期待着自己可以读书识字,对于自己以前不懂的问题,也终于可以找到答案。可遗憾的是,事情也许发展得不尽如人意。孩子对于上学和学习的热情可能很快就会退却,他们并没有像家长所期望的那样,很快就能融入新的环境。也许在下面的例子中,您会发现您孩子的影子……

开学仅 2 个月的时间,提姆便开始经常抱怨说自己肚子疼,不想去上学了。每天下午写作业时,他都很不情愿。提姆的妈妈不得不每天提醒他,要求他必须把作业做完。

帕斯卡的妈妈讲述道:"帕斯卡自从半年前升入小学以后,我觉得他改变了很多——他变得不再有信心,对其他孩子也充满了敌意,而且坚决拒绝与教授艺术课的女老师学习。他总是被这位老师警告,还经常因不能很好地朗读课文而被全班同学笑话,说真的,我几乎都不认识自己的儿子了。"

您的孩子是否也与提姆、帕斯卡有相似之处,或是您也有以下的某个或某些疑问:

> ● 我对孩子的教育方式是错的吗?
> ● 难道按照课程表安排学习,对我家孩子太难了,以致他无法适应吗?
> ● 孩子负担太重了吗?
> ● 老师是不是太严厉了?
> ● 孩子是否需要其他的教育方法?
> ● 孩子到底是不会,还是不想学习?

遇到上述问题的孩子，通常情况下，其智力水平是正常的。不过，他们在注意力和学习力方面可能有所欠缺。在面对家庭作业时，如果您的孩子每次都感到像是有一座大山横在他面前，那么就需要您帮孩子梳理他需要做的事情和他的思路，这样才不至于令孩子迷失在无助与沮丧所造成的困顿之中。

有时，所谓的"学习问题"其实与学习本身并无太大关系，孩子升入小学后，除了要适应新的规则和学习任务，还要适应新环境和新同学。同学关系对于刚升入小学的孩子来说至关重要，它关系到孩子自我认知的发展，因此，父母不要仅关注孩子的成绩，还要多关注孩子的人际关系（尤其是与同学和老师的关系）。有时，孩子学习成绩难以提高，问题可能不在学习上，而在其他方面。

向儿科医生寻求帮助的父母大都有一个共同点：他们常被孩子的学习障碍、行为障碍以及注意力障碍所困扰，并为此深感焦虑。他们总是急于尽快寻找到孩子产生这些障碍的根源，并得到专业上的意见和帮助。

可遗憾的是，父母常常只会得到一些安慰性的官方回答："会好的""您的孩子只是晚熟而已""您可以在家与孩子多做一些集中注意力的训练,同时,您还是要对孩子多一些耐心"。其实,这些建议对家长并没有实质性的帮助,对于家长来说,关键的问题只有一个:"怎样做对我的孩子才是最好的?"

- 每个孩子都是独一无二的个体,其成长与发展过程都是个性化的。
- 父母不要被"儿童发展研究数据"所影响。此类数据只具有统计学意义,对您来说,它并没有太大的参考价值。
- 在幼小衔接阶段,父母可以有针对性地对孩子的注意力进行训练,帮助孩子做好入学准备。

有一种焦虑，
叫"我的孩子要上小学了"。

"我的孩子真的做好去上学的准备了吗"

在本章,您将了解到:
- 我们的大脑是如何接收外界信息,又是如何对其进行分类及加工处理的
- 有效学习的前提条件是什么
- 为什么让孩子在学习中感受到乐趣至关重要

大脑的秘密

"为什么我家孩子学习这么费劲?"为了找到这一问题的答案,我们先来简单了解一下大脑的构造。

我们的大脑就像一台能够学习和思考的"机器",如同诺贝尔奖得主约翰·埃克尔斯所说的那样,大脑是人体之谜的核心。

一个成年人大脑的平均重量为 1400g~1600g,仅占身体总重量的 2% 左右。然而,一个人的大脑重量的多少并不代表他智商的高低。我们的大脑是与脊髓连接在一起的,它们共同构成了一个指挥控制中心,掌控我们所有重要的生命活动。

大脑承担起人类思考的重要任务。如同镜像一样对称的大脑的两个半球（左半球和右半球），通过一条神经束（胼胝体）相连并相互传递信息。大脑中存储着我们的意识、人格和意愿。我们所有感知到的外界信息都将在大脑中被加工、处理，使我们能进行推理、判断、回想和忘却等思维活动。也正是这些美妙的思维活动让学习成为可能。

大脑左半球被俗称为"知性脑"，主要负责逻辑推理、判断、分类、语言表达等，其思维方式具有连续性。而大脑右半球则被俗称为"艺术脑"或"创造脑"，主要负责记忆、直觉、情感等，其思维方式具有无序性、跳跃性、直觉性。

然而，并非我们所感知到的一切，最终都会被加工并储存在我们的大脑之中，这里就涉及个体差异。我们的大脑及其调节功能，尤其在孩童时期是千变万化的。

让我们把人类的神经系统想象成一个由成千上万条分支组成的通信网络。大脑是总开关，脊髓是主干线。由许多个神经细胞所构成的神经纤维围绕着我们的脊髓。

在人类成长的过程中，不论是遗传基因还是外部环境——也包括两者间的相互作用——都具有重要的意义。

这种相互关联的作用，在下面的这个例子中得以体现。

蕾娜从同为音乐家的父母那里继承了音乐天赋。但蕾娜并不会因此就"自动"成为音乐家。她仍需在早期发展阶段，发现自己在音乐上的才能，并进行大量的练习，这样她的潜在天赋才会被"唤醒"。

蕾娜的好友苏珊娜一直以来都对音乐很感兴趣，每次她去蕾娜家玩的时候，都会想要弹奏钢琴。在苏珊娜的家族中，无论是职业音乐家还是业余音乐爱好者都不曾有过。尽管如此，未继承音乐天赋的苏珊娜也可以带着自身对音乐的兴趣，通过一定的努力，掌握基础的乐理知识，学会演奏乐器。

潜在天赋，只有被唤醒并被持续使用时，才能得以发展。但我们也可在自身并不具备潜在天赋的领域中获得成就。

请允许孩子按自己的步调成长

在孩子上学前,许多父母可能都会有类似这样的疑问:我的孩子该上哪所学校?孩子是否能适应学校的生活?为了孩子能赢在起跑线,他需要接受怎样的学前教育?

在德国,每年 7 月 1 日(各联邦州的截止日期可能会有所不同)之前年满 6 周岁的孩子,即属于"学龄儿童"。这些孩子应于暑假后,在居住地就近上学。而那些生日在 7 月 1 日到 12 月 31 日的 6 岁孩子,被称为"可选择儿童"。他们可在父母授权的情况下,提前进入小学读书。有些小学会要求这些孩子在入学前进行一项测试,该测试主要是为了大致了解孩子的学习能力以及对某些科目的掌握程度，如美术、数学、德语等。

在前文中，我们已经了解到，每个人的"感知渠道"不尽相同，在学习的过程中，每个人对感知力运用的强度也有所不同，但也正因此，我们每个人才会发展出不同的天赋。每个孩子都有各自的先天条件，也都会经历自己独特的成长历程。因此，作为父母，即便您的孩子在某个年龄段还未能达到相应的指标，您也不要过于担心，这并不意味您的孩子存在某种发展障碍。

如果入学的日期逐渐临近，而您依然认为自己的孩子还未做好上学的准备，那又该怎么办呢？

其实，您可以尝试用以下方法来检测看看孩子是否已具备适应在学校生活的能力。但在此之前，您应明确一点：检测的目的并不是将孩子硬性地纳入某种发展模式，它仅仅是为了帮助您确认孩子在何种情况下，可顺利展开校园生活。

首先，您需要判断孩子在思维发展方面的情况。思维发展（认知发展）主要包括逻辑思考力、觉察力、语言表达力、对数字的理解力以及对色彩、形状和大小的感知力。

如果您想了解孩子的思维能力发展到了哪一步，可通

过以下问题做一个初步的判断:

- 您的孩子认识所有的颜色吗?
- 您的孩子已经表现出对字母和数字的兴趣了吗?
- 您的孩子知道自己的名字和年龄吗?
- 您的孩子是否已经能写出自己的名字?
- 您的孩子知道家里的地址吗?
- 您的孩子能从 1 数到 10 了吗?
- 您的孩子有其他的数量概念吗?
- 您的孩子是否知道"更大"和"更小","更长"和"更短","更多"和"更少"的意思?
- 您的孩子是否能认出不同的形状并区分出它们的差别,例如三角形和四边形?
- 您的孩子能否在短时间里记住一些事情?
- 您的孩子喜欢玩记忆力游戏、纸牌游戏或其他同类型的游戏吗?
- 您的孩子说话是否清楚,能否大声说出自己的想法?

> - 您的孩子在讲述事情的时候，使用的语法是否正确？
> - 您的孩子能否复述一个故事？
> - 您的孩子是否能够讲述例如他与其他孩子吵架的事情？
> - 您的孩子能否简单解释一些事情？
> - 您的孩子能否自己创作一个简单的小故事？

除了要对孩子的思维发展做出判断，在身体与运动发展方面，您也应做出相应的判断，请尝试回答下列问题：

> - 您的孩子听力和视力好吗？
> - 您的孩子能很好地控制自己的身体吗？
> - 您的孩子可以独自穿上或脱下衣服吗？
> - 您的孩子能保持平衡吗，比如用一条腿站立？
> - 您的孩子能倒退行走吗？
> - 您的孩子会不会使用剪刀？
> - 您的孩子能正确握笔吗？
> - 您的孩子喜欢画画吗？能画出线条吗？
> - 您的孩子能临摹出简单的形状和人物吗？

此外，在自我意识和学习动机等方面，以下问题可为您提供判断依据：

> - 您的孩子对上学是否充满了好奇？
> - 您的孩子是不是很高兴可以学习新的东西？
> - 您的孩子能忍受失望吗？
> - 您的孩子可以独自做点什么吗？
> - 您的孩子能耐心倾听他人说话吗？
> - 您的孩子能否专心致志地"做事"，而且不需要跟成年人有直接接触？
> - 您的孩子与同龄的孩子能很好地相处吗？
> - 您的孩子能忍受与您分开并离开他所熟悉的环境吗？
> - 您的孩子能很快交到朋友吗？
> - 您的孩子能维护自己吗？

如果您对以上问题都能用"Yes"来作答，那么您便有理由相信您的孩子已经做好了上学的准备，并且他很有可能会十分期待去学校学习阅读、绘画、计算，以及其他内容。

第二章 "我的孩子真的做好去上学的准备了吗"

- 在人类成长的过程中,不论是遗传基因还是外部环境——也包括两者间的相互作用——都具有重要的意义。
- 每个孩子都有各自的先天条件,也都会经历自己独特的成长历程,请允许您的孩子按自己的步调成长。
- 潜在天赋,只有被唤醒并被持续使用时,才能得以发展。但我们也可在自身并不具备潜在天赋的领域中获得成就。

丽萨的烦恼：
不要成为一个胖女孩

"妈妈,我不想去学校"

在本章,您将了解到:
- 孩子不想上学的真正原因
- 如何解决孩子不想上学的问题

相信不少为人父母者都听孩子说过这样一句话:"妈妈(爸爸),今天我不想去学校了。"

通过下面的几个经典案例,我们来深入了解一下"妈妈(爸爸),今天我不想去学校了"这句话背后所隐藏的潜台词。

都是灯芯绒套装惹的祸

卡特琳死死地拽住楼梯扶手,大声喊道:"我再也不要去学校了!"卡特琳的妈妈有些惊慌失措。因为这可太不像她的女儿会做的事情。卡特琳平日可是很高兴去上学的。

询问过后，卡特琳的妈妈才搞清楚事情的来龙去脉：原来那套绿色的灯芯绒套装竟是"罪魁祸首"。卡特琳每次都是在妈妈的压力下才会穿这套衣服。只要她穿着这套灯芯绒套装去学校，总会得到一大堆嘲讽。有些孩子还会围着她大声嚷嚷："嘿，你这个丑蛤蟆，呱，呱，呱。不过或许会有人愿意亲吻你一下，让你变成一个漂亮的公主。不过对你来说，一个吻肯定是远远不够的。"其他孩子都跟着大笑起来。在课堂上，也总是不断有人为此而嘲笑她。

卡特琳的妈妈非常理解女儿的尴尬处境，并决定从今往后，卡特琳的衣物用品都让卡特琳自己挑选购买。

卡特琳的例子告诉我们，大部分孩子在面对群体压力时，往往会采取逃避的方式来应对困境。

"胖猪"丽萨

没有一天,丽萨是自愿去上学的。当妈妈问丽萨为什么不肯去学校时,丽萨只是说:"我就是不想去。"一天,妈妈完全是在无意中看到这样的一幕:丽萨独自一人站在学校后院,羡慕地望着别的孩子在跳皮筋。过了好一会儿,她才鼓足了勇气,朝那几个孩子走过去。丽萨说了些什么,妈妈没有听到,但她却清楚地听到了一个同学拒绝她的回答:"你到现在都还没搞明白吗,你太胖了,我们才不想跟你一起玩呢。你看起来就像一头肥猪。"接着,另一个同学也大声嚷嚷起来:"胖猪丽萨,哈哈，丽萨是头小胖猪！"丽萨垂头丧气地走开了。丽萨的妈妈眼里含着泪，悄悄离开了学校。

晚上，当丽萨回家后，妈妈问她为什么她从来没告诉自己这些事情。丽萨望着妈妈说道："妈妈，如果我告诉你，你肯定会比我更难过的，因为你比我还要胖呢。"

妈妈向丽萨的班主任老师寻求帮助。老师了解情况后，在全年级举办了一场阅读比赛。由于丽萨的阅读能力出色，她轻而易举地拿到了比赛的冠军，为班级赢得了荣誉。丽萨也因此获得了同学们的尊重。老师也借此机会对班里的其他孩子进行了一次思想教育，令其他孩子认识到，他们当初的话对丽萨所造成的伤害。

丽萨的妈妈也对这件事进行了反思——她调整了对丽萨的饮食安排，用科学的方法帮助丽萨减肥。如今，丽萨是个漂亮又开心的姑娘，害怕去学校这件事早已成为过去。

第三章 "妈妈,我不想去学校"

勇气测试

几个星期以来,尤利安每天早上上学前都会抱怨肚子疼,甚至会呕吐。他的儿科医生找不到原因,他的父母对此也感到十分费解。在诊所与医生谈话时,尤利安总会表现出激动或是害怕的情绪。几次咨询过后,尤利安逐渐敞开了心扉,他告诉医生,班上没有同学愿意同他一起玩,因为他没参加勇气测试。班里的"老大"莫里兹禁止班里其他同学和尤利安一起玩。尤利安说,他一天当中最害怕的时光就是上学的路上和课间休息的时候。因为莫里兹每次都要拿他寻开心,说他就是个胆小鬼。其他人也都跟着嘲笑他。

对于什么是勇气测试，尤利安回答说："勇气测试就是要求班里的男生每人去超市偷一样东西，但我没办法那样做。如果我真的那样做了，爸爸妈妈一定会对我非常失望的。可有时我也会想，如果我当时做了勇气测试，也许现在一切都简单多了。"

尤利安的父母在与儿科医生商议后，将勇气测试的事情告知了学校校长。校长同与此事相关的孩子及其家长进行了一次谈话，商讨该如何解决此事。最后得出的方案是，让孩子们到学校附近的一家养老院去做志愿服务，每周轮流为一位坏脾气老人读报。

受惊的"无尾熊"

卡尔绝望地拽着妈妈:"不要,我不去上学。我就跟你在一起,我哪儿也不去!"一天又一天,到现在已经三个星期了,卡尔每天都上演同样的戏码。他不肯单独走出家门。无论妈妈是威逼利诱,还是答应给奖励,各种招数都用尽了也完全没用。卡尔宁可跟着妈妈到超市去买东西,也不肯像其他孩子那样,在附近的游戏乐场边玩边等她。

事情要追溯到3周前。卡尔从来没出现过这样的问题。他是个开朗又聪明的小家伙,从来不知道害怕为何物。可就在 3 周前，卡尔的父亲轻率又鲁莽地搬离了家。他收拾了自己的随身物品，趁家里没人的时候，偷偷地溜走了。从那天起，卡尔再也不敢离开母亲到任何地方。他像只无尾熊一样"挂"在妈妈身上，一刻也不肯与妈妈分开。

卡尔做出这样反常的行为是完全可以理解的。他极度焦虑，生怕自己一不留神，妈妈也会像爸爸一样消失不见。只有当妈妈在他身旁时，他才能安心。他心想，只有这样，才能阻止最糟糕的事情发生。

卡尔的妈妈认识到了问题所在，并向卡尔提供了一个解决方案——她同卡尔签订了一个协议。协议中，她向卡尔承诺，自己每天几点会到哪里去接他，她每天什么时间会在家。妈妈完全按照协议上的约定，从未有过哪怕 1 分钟的迟到。因为这样，卡尔才慢慢开始重建他对外界的信任，并相信了妈妈绝对不会离开他的承诺。

温室效应

奥莉薇娅上学第二天回家后就开始吵闹:"不!我不要去学校了,妈妈,我要留在你身边!"说完她就跑开了,不知躲到了哪里。于是,妈妈和女儿开始了一场猫捉老鼠的游戏。

直到入学前,奥莉薇娅从不曾单独外出过,她的妈妈时刻都在她身边。虽然妈妈帮她在幼儿园报了名,但她从来没去过,因为只要她不想去的话,在妈妈这里,总能行得通。等到了该上学的时候,这自然就成了大问题。

这样一来,对于奥莉薇娅和妈妈来说,日子就变得十分艰难。奥莉薇娅必须得鼓起勇气,学习如何迈出离开妈妈的第一步。作为一个在温室中长大的孩子,奥莉薇娅一直是要风得风,要雨得雨,而现在,她的这种"好日子"也一去不返了。

在奥莉薇娅出生时,妈妈曾下定决心要做一个好妈妈,永远充满爱地陪伴着女儿,尽可能达成女儿的每一个心愿。她也一直是这样做的,并且认为奥莉薇娅就应该这样长大。

然而现在,奥莉薇娅的妈妈却不得不转换思路,并投入更多的心思去调整她的育儿方法。经过一段时间的努力,奥莉薇娅的妈妈才逐渐适应了这一想法——教育和爱并不意味着紧紧抓住孩子,而是要为孩子将来能在社会上独立生活做好相应的准备。

由电视引发的一系列问题

拉斯是个电视迷,他每晚都会坐在客厅里,没有节制地看电视直到深夜。所以,一到早上,他就没什么精神,也不爱起床。

每天早晨,妈妈站在拉斯的床前,催他起床时,他便用恳切的目光望着妈妈,嘟嘟囔囔地抱怨着:"妈妈,我不舒服。我想待在家里。你是知道的,要是我身体不好的话,我就没办法集中注意力学习,去学校也只会惹麻烦。"

拉斯的妈妈是上班族,需要正点上班,所以早上的时间很紧。如果她任凭拉斯磨蹭赖床不肯起的话，她上班就得迟到。她只好无可奈何地答应儿子："那好，你今天就待在家里吧，不过就这一回，下不为例。"

等妈妈出门后，拉斯会先睡个回笼觉，然后把剩下的整个上午时间，都花在他最喜欢的事情上——看电视。拉斯缺的课越来越多，直到他发现自己已跟不上学校的课程进度，以致他更加抵触上学。

拉斯的妈妈毫无办法，只好去求助学校的心理咨询师。心理咨询师也尝试了很多方法，包括引入奖励积分计划，但最终也以失败告终。毕竟，有什么奖励，能胜过拉斯已经颁发给自己的看电视的奖励呢？

心理学咨询师与拉斯的父母商议后决定，今后由拉斯的爸爸负责接送拉斯上下学，并确保拉斯每日都准时到校。

除此之外，家里的电视机晚上不允许再打开。这样一来，拉斯就可以有充足的睡眠时间，第二天早晨，他也不会因睡眠不足而无法起床。如果有特别精彩的电视节目，可以先录制下来，等到周末再观看。经过拉斯一家人三个星期坚持不懈的努力，拉斯终于可以顺利地去上学了，并且不再抱怨耍赖了。

综合本章的几个案例，相信您对孩子不愿上学的原因有了一个较为全面的认识，也清楚地了解到，并非所有逃避上学的状况都与学业压力有关。如果孩子出现逃避上学的状况——尤其以前未出现这一状况的话，您可能需要从其他方面，例如人际关系、生活习惯、家庭变故等方面寻找原因。

不过，相对以上这些源自"外部"的"我不想上学"的因素，源自"内部"的因素——学习障碍，则需要父母予以更多的关注。

- 大部分孩子在面对群体压力时，往往会采取逃避的方式来应对困境。
- 并非所有逃避上学的状况都与学业压力有关。如果孩子出现逃避上学的状况——尤其之前未出现这一状况的话，您可能需要从其他方面寻找原因。
- 爱孩子并不意味着让孩子在温室中成长，而是要为孩子未来能在社会上独立生活做好相应的准备。

挫折的怪圈

如何避免学习上的"失败"

在本章,您将了解到:
- 学习力提升的前提条件是什么
- 如何帮助孩子爱上学习并很好地进入学习状态
- 如何提高孩子在家的学习效率

挫折的怪圈

近几周以来,刚升入三年级的萨拉产生了厌学的情绪,认为学校简直就是一个"毁人不倦"的地方。读二年级时,萨拉的各门功课都还处于平均水平,但不知为何,新学年伊始,她的成绩就有了明显的下滑迹象。在上周的听写测试中,她只拿了4分。

萨拉这样描述她最近的状况:"只要我一想到学校,我整个人都不好了。最近,我不知道怎么了,在家做过的练习,到了学校,我就全都忘记了。只要看到作业表,我的头就疼起来。有时候我实在太紧张了,整个人乱成了一团,双手也跟着抖个不停。"

蕾娜（四年级）是学校缺席登记册上的"常客"。上个月，蕾娜有 8 次无故缺席的记录。她的父母在一次家长会上才发现蕾娜逃学了，父母问她逃学去了哪里，她不情愿地回答说，整个上午，她都在城里闲逛。

蕾娜也知道自己逃学的这种行为不好。在一次与父母的谈话中，蕾娜绝望地表示："对于我的行为，我感到非常抱歉。可其他孩子做什么都比我做得好，老师们都很愚蠢，只喜欢凡事都做得好的孩子而不喜欢我。"

不少厌烦上学的孩子，其实会担心自己无法完成学业。但他们并非都愿意明确地表达出自己对上学没兴趣这件事。这种郁闷的感觉会隐藏在他们每天早上发作的肚子疼、恶心，或是其他方面的身体不适之中。通常，孩子这类的身体不适并不是伪装出来的，而是真实存在的。

本杰明（三年级）的妈妈讲述道："很长时间以来，本杰明每天早晨都会恶心呕吐，却找不到任何身体方面的原因。本杰明是班上成绩最好的那一个，按理说，学习对他来说并不是件难事。可不知为何，他最近的课堂小考的成绩总是不尽如人意。尽管他在家复习时感觉自己都学会了，但小考成绩却很差，有时甚至只拿到 5 分。本杰明因此也十分生气，甚至会变得怒不可遏。我时常在家里能感受到他的沮丧。有时对我还会充满攻击性，我觉得他好像不能很好地承受这一挫折。"

在一次能力测试中，本杰明取得的成绩令他的妈妈大吃一惊，本杰明的天赋值远远超出了平均值！测试结果显示，相对于本杰明的智商来说，学校的课程内容太浅显，他应该能够轻而易举地掌握。可他的能力既没有被学校老师发现，也没有被他的父母发现。本杰明对他自己的能力也总是表示怀疑，他害怕考试。他感觉自己其实能够进行更为深入的思考，却无法把思考的结果写到纸面上。针对本杰明的这种情况，我们能做些什么呢？

梅兰妮（一年级）在上学8个月后的第一次单词听写考试中，除了一个单词，其他的她都写错了。不少孩子在班上开心地大叫道："我得了满分！"只有梅兰妮一人红着脸，低着头，静静地坐在座位上。梅兰妮后座的男孩大声喊道："看呀，梅兰妮都写错了！天啊，她可真笨！"尽管老师立即严肃制止了那个乱喊乱叫的孩子，梅兰妮还是难过极了。她羞愧得抬不起头来。

虽然明天是周末，可梅兰妮已经对即将到来的下一周感到害怕了，要是再来一次单词听写的话，可如何是好？

梅兰妮几乎每天都能体会到自己在学习上的失败感。在学校如此，在家里也一样。妈妈陪她一起学习，但她还是会对单词拼写感到吃力，甚至到了快要崩溃的边缘。多次的失败令梅兰妮失去了对学习的兴趣。

不只是梅兰妮一人在忍受学习失败的折磨，全家人的话题都围绕着该如何帮梅兰妮提高成绩展开。梅兰妮的妈妈最为痛苦。因为她被认为应该对梅兰妮的学习成绩负责的第一责任人。

"你应该多陪梅兰妮复习功课！"或者"梅兰妮这么不自信，难道只是因为没考好吗？"诸如此类的责备，令梅兰妮的妈妈也变得越来越不确定了——她认为自己要为女儿学习成绩的不理想负责任。她也因此变得十分混乱，每日忧心忡忡，焦虑、自责的情绪在心中不断翻涌："为什么梅兰妮不能像班上的其他孩子那样，很好地完成学习任务呢？是她不够聪明还是太懒惰了？她应该能做到的啊，难道我必须要对她再严厉一些吗？我太好说话了吗？我还能做些什么呢？难道我对她的教育方式错了吗？"

与其他妈妈聊起孩子时，梅兰妮的妈妈越发感到不舒服。她十分羞愧，也因此而尽可能地回避与其他妈妈的接触。她不愿听到关于梅兰妮的同学在学习上又获得了哪些成就,并且还不得不对此礼貌地表示出赞叹和惊讶。她在失望、内疚和无助之间不断徘徊。

究竟怎样做才能帮助梅兰妮和她的妈妈呢?如果您与您的孩子也处于类似的状况下,您又会做些什么呢?

为了从挫折的怪圈中摆脱出来,我们需要先搞清楚发生在孩子身上的学习问题的性质和范畴,了解孩子在学习哪些领域的内容时会感到吃力。为达到这一目的,回答以下问题能够给您提供一些思路:

- 孩子的学习动机如何?他喜欢学习吗?
- 孩子乐于去上学吗?
- 孩子认为学校里各门功课都很难,还是只对部分科目感到吃力呢?
- 孩子能专心学习一段时间吗?还是他的注意力很难集中?
- 孩子写作业是不是磨磨蹭蹭,像在做白日梦似的?
- 开始写作业前,孩子是不是总爱讨价还价?
- 孩子的作业本规整吗?

> ◉ 孩子的思维是不是非常跳跃，总是在写作业时，非要跟你说点什么跟作业不相关的内容？
> ◉ 总体来说，孩子的情绪状况如何？
> ◉ 孩子在最近这段时间有没有表现出悲伤的情绪？
> ◉ 孩子的自我意识是否受到了伤害？
> ◉ 孩子在班上有朋友吗？
> ◉ 孩子有什么业余爱好？
> ◉ 孩子是否有足够的时间玩耍，并能充分地享受这段时光？

请不要过于匆忙地给您的孩子扣上懒惰这顶帽子，或者认定他不想学习。绝大多数孩子都乐于了解新事物、新知识，即便有发展和行为障碍的孩子亦是如此。

图"话"心语

对于如何更好地了解孩子的真实感受,其实我们不仅可以从他们的反应,挑衅性的言辞中获取,我们还可以从他们绘制的图画中获得一些有效信息,这里有一些例子:

劳拉每天都兴高采烈地去上学,对于当天要学习的新知识期待满满。通过自画像(图1),劳拉毫无保留地将自己的情绪展现了出

图 1

来,画中的劳拉面带微笑,开心地说:"学校好棒啊!"

刚读完1年级的史蒂芬表示他不想再去上学了。在校的大部分时间里,史蒂芬都会感到非常不舒服,担心自己朗读时出现严重的口吃。他也无法像其他同学那样,很快学会写字。"家庭作业好无聊啊。有时候我会梦到自己身处天堂,那样我就不用每天都得去上学了。"

克里斯蒂安只想尽快把作业写完,然后去踢球。他作业写得潦潦草草、乱七八糟的。他虽然很喜欢上学,但有时也会很不耐烦,因为他的班主任老师会经常提醒他,甚至警告他,课堂上要保持安静,不要大声喧哗。"学校里最棒的还是课间休息和体育课。"克里斯蒂安说。

塔亚娜和凯分别绘制了一幅名为"我的学校"的图画(图2、图3),从他们的画中,我们能感受到两个孩子对学校全然不同的印象。

图2

塔亚娜非常喜欢上学,学习总能带给她很多乐趣。她一心想把自己的学校画好。她原本打算用彩笔把画绘制得更鲜艳一些,只可惜时间不够了。

第四章 如何避免学习上的"失败"

凯对学校和学习都兴味索然。他随手在纸上涂鸦了几笔,把学校画得面目全非,令人难以辨认。他把自己对学校的抵触与愤怒,通过画作表达了出来。对凯来说,学校简直令他难以忍受。

图3

为人父母者当然都希望自己的孩子能像劳拉一样,在学习中感受到乐趣,或者像塔亚娜一样,认为学校是一个充满乐趣的地方。

其实,上文提及的几个孩子,他们的心智都处于正常水平,也都没有学习障碍。可为什么凯会对学校产生如此强烈的抵触和抗拒情绪?为什么史蒂芬和克里斯蒂安对于完成学校任务不像劳拉和塔亚娜那么有信心?

一些孩子在学习的过程中,不断陷入挫折的怪圈,因成绩退步或下滑而产生的危机感在他们心中挥之不去。长此以往,他们的自我意识就会变弱。随着自我意识的变弱,他们也就很难由衷地感受到快乐。久而久之,负面情绪和"我没兴趣"的感觉会在心中逐渐扩散,甚至会影响他们校外的生活。

在这种情况下,父母不应再对孩子施加压力,而是应陪同孩子一起寻找可行的解决方案。除帮助孩子安排学习计划、辅导孩子作业外,作为父母,您还可以为孩子提供激发他们学习兴趣的奖励或是奖品。如果是物质方面的奖励,您也无须为孩子购买价格高昂的物品。漂亮的笔记本、卡通贴纸,或是设计有趣的笔筒都能提升孩子的情绪,令孩子感到开心。

第四章　如何避免学习上的"失败"

提升学习力的前提条件

良好的自我意识是提升学习力的前提条件。因此,帮助孩子树立正确的自我意识,并在孩子成长的过程中,引导孩子逐步提升自我意识是家庭教育中不可或缺的一项内容。那么,我们究竟该如何帮助孩子提升自我意识呢?

孩子所在的足球队赢得比赛时,请您给予孩子表扬和肯定——即便是与学习毫无关系的小小成就和进步也是一样。您的孩子做什么特别出色?他也许是一个小小"发明家",或者他在手工制作方面非常厉害。谁将是下一个幸运儿,能够收到您的孩子亲手制作的礼物?您的孩子很了解动物并且喜欢大自然吗？他是不是乐于爬山远游？又或是他喜欢在您做饭或烘焙点心的时候帮忙？

所有能够让孩子展现优势的机会都能帮助他增强自我意识与自信心。良好的自我意识是提升学习力的前提条件。只有感到自己是不畏惧并且有能力学习时，我们的大脑才能轻松自在地进行一系列的思维活动。

请牢记，快速提升学习成绩对孩子来说并非最重要的。引导孩子认识到自身的优势和才能也许比提升学习成绩更为重要，毕竟，生活并不仅仅由学习构成。即便目前对您来说，孩子的学习成绩至关重要。

每个孩子都应该找到一种自己喜欢的体育运动，能从中得到乐趣，尽情享受其中。通过体育运动，孩子能锻炼自身的协调性和耐力，提高积极性，以及团队合作能力，有时还能宣泄一下郁积已久的沮丧消沉的情绪。

在任何领域所获得的成就感，都对孩子提高学习力有积极的影响。从长远来看，孩子的学习力提升后，成绩自然也会有所提高。

马克斯还是和之前一样，经常被老师批评。虽然，马克斯在计算方面做得很不错，但有时他还是会把数字和字母搞混，偶尔还会把作业忘得干干净净。

对马克斯来说，最困难的还是拼写。他拼写单词的时候总会丢三落四。"Kartoffel（土豆）"在他笔下可变化成很多形式："Kartoel""Katofel""Kartoffe"，马克斯每天都会在妈妈的陪同下做作业，但在这一过程中，永远都伴随着抗拒、怒气和眼泪。

一想到课堂测验，马克斯就会肚子疼，整夜无法入睡。有时甚至严重到早上都吃不下饭，吃了也会吐出来。对于马克斯来说，已经到了必须要做出改变的时候了。

在与心理治疗师谈话的过程中，马克斯描述了自己的状况和感受："上周，我忘记这周二学校组织去远足。我没带雨具，也没带钱或是任何吃的东西。这让我不得不拿出三张赛车明信片为代价，从托马斯手里'买'到了半块香肠面包。我回家时淋得像落汤鸡似的，冻得我直哆嗦。"

"我身边的每个人都觉得我又懒又笨，总是忘东忘西。我承认，如果我认为一件事很无聊的话，我就没办法把它放在心上。说句真心话，学习的确是件令我感到绝望的事情。我可以自己一个人玩乐高玩上几个小时，也不会被别的事情转移注意力。我想怎么拼乐高，就可以怎么拼，我喜欢这种随心所欲的感觉。"

马克斯接着说:"我没办法接受每天除了'正常'的作业外,还要完成那些被老师额外要求的作业。真是太可恶了,因为这些该死的作业,我根本没时间去踢足球。"

- 所有能够让孩子展现优势的机会都可帮助他增强自我意识与自信心。
- 引导孩子认识到自身的优势和才能也许比提升学习成绩更为重要,毕竟,生活并不仅仅由学习构成。即便目前对您来说,孩子的学习成绩至关重要。
- 校外成就所带来的自我认同感,是孩子获得校内成就所需要的。

陪伴是最好的奖励

从"应该"转变为"愿意"

在本章，您将了解到：
- 规范记录每天的日程，对孩子学习的重要意义
- 如何与孩子一起，制定积分奖励计划，引导孩子养成良好的学习习惯

早起的鸟儿有虫吃

雅娜每天早上 7：00 准时来到餐桌旁，她已经洗漱完毕、穿戴整齐，她的书包和绘画簿也都已经收拾完毕。从 7：00 到 7：20 这段时间，她和妈妈还有妹妹围桌而坐，轻松享用着美味的早餐。吃完早餐后，她就会穿好外套和鞋子，拿好书包和绘画簿，到门口等待着学校班车来接她上学。

如果您家每天早上的情形也同雅娜家一样井然有序、不慌不忙，那就恭喜您了。但很遗憾的是，很多家庭每天早上的情形并非如此。拿马克斯家为例，马克斯早上爱赖床。他的妈妈总要三请四请地叫他起床。等他好不容易爬起来后,他又会在自己房间里磨蹭好一阵子,而不是立即去洗漱、穿衣服。等他终于走进卫生间开始洗漱,他又会慢吞吞地在里面耗费很长时间。等他一切准备就绪坐在餐桌旁时,时间已经过去了 40 分钟。马克斯的哥哥总会比马克斯先吃早餐,而且经常把马克斯最爱的奶酪吃光。兄弟俩也总会为此事而争吵。吵着吵着,马克斯便会闯祸——把杯子碰翻,毛衣袖口蹭上黄油。他不得不去换件衣服,可时间已经来不及了,他只好慌慌张张地抓起另外一件毛衣往身上一套,然后急忙拎起书包就跑出家门。可他完全没有留意新换上的毛衣跟裤子完全不搭!当他搭上了校车,车上的同学都在笑话他的着装时,他才发现,原来自己的装扮很可笑。

您可能会问,上面的这两个例子与学习又有什么关系呢?如果我们跟随这两个孩子到学校,也许您很快就能明白这其中的关系。

雅娜在学校的生活过得很充实,学习效率也很高。她没有什么其他念头,只是跟随老师的课程进度专心学习。不仅如此,她还为丰富课堂内容作出了自己的贡献。为此,她得到了老师的表扬。在老师的鼓励下,雅娜信心倍增,在绘画课上，她的作品得到了很高的分数。

我们再来看看马克斯的情况。马克斯到了学校后，心里还在生哥哥的气，心想："那个白痴，明明知道奶酪是我的最爱，他怎么可以每次都把奶酪全部吃掉，简直太坏了。"课堂上，马克斯也没有专心上课，多次被老师提醒后，依然还是注意力不集中。上绘画课时，马克斯不得不面对一个令他气愤的事实：他忘带绘图簿了。因此他没办法把他画好的城堡展示给大家看，结果又被老师批评了。老师责备他太懒惰，还撒谎。马克斯气得要命，同时也感到十分难过，眼泪几乎要夺眶而出。要知道，他昨天可是花了好几个小时的工夫才把城堡画出来的，而且他有信心他画的城堡能够得到老师的认可。

为什么雅娜在学校能够全神贯注地听课？因为在出门前，她把一切事物都准备就绪，所以她没有思想负担。而马克斯却正好相反，他的脑子里塞满了各种混乱的念头，导致他没有多余的精力用于学习。

从这两个例子中，我们可以清楚地了解到，孩子早上在家的状况，一定程度上决定了他在学校的学习效率。

在一次问卷调查中，马克斯是这样填写以下问题的：

> 其他孩子对我很恶劣。
> 我的妈妈经常责骂我。
> 爸爸工作很多。
> 老师不喜欢我。
> 最想我能把一切都做对。
> 我是一个因为气愤、愚蠢而混乱不堪的人。
> 我需要帮助。

调查结果显示,马克斯感到非常混乱,而且很不开心。在这种状况下,他很想做出改变,可不论是他,还是他的妈妈,都不知该如何做。要知道,他的妈妈感受到的绝望一点都不比他少。

为解决这一问题,调查人员同马克斯还有他的父母一起,拟定了一份积分奖励计划表。积分奖励计划表自实施的第一天起,就产生了很好的效果。早上的混乱逐步变得有序,马克斯终于不再被琐事所困,也终于能够专注于学习了。

"防备"胜于"责备"

绝大多数的父母都听过这类的"教子之道"——"朝屁股狠狠地打几下,这才是小孩子需要的。打几下屁股又会怎样呢,孩子也不会因此而受伤"。

我们不能否认,这种管教方法看似有效,可以在短时间内令孩子变乖,并且很容易实施。但从道德角度来说,这种暴力式管教应予以制止。在德国,自 2000 年起,体罚儿童就已被法律严令禁止。下面的案例可向您说明为何体罚孩子并不能达到教育的目的:

每天早上,彼得的妈妈都要催促彼得该去卫生间洗漱了,可彼得就是充耳不闻。两人间的唇枪舌剑愈演愈烈,情绪也越来越激动。

有时,妈妈会控制不住自己的情绪,动手打彼得的屁股。随后,彼得就会哭喊着跑进卫生间。彼得的妈妈当下的确达到了她的目的。可她付出的代价是什么呢?这样混乱的早晨对母子双方来说,都是劳心伤神的。彼得在家中经历了如此糟心的时刻后,到了学校如何能集中注意力听课呢。

被妈妈体罚的彼德从中能学到什么呢?一定不是他妈妈希望他学到的——早上起床后要抓紧洗漱。相反,他学到的是强者才能赢。"面对比我高大或强壮的人,我得小心了。不过,对待比我弱小的人,如果他不听我的话,那我就出手打他。"

在此状况下,如何教育孩子才是最佳方式呢?

第五章 从"应该"转变为"愿意"

为良好开端做准备

一日之计在于晨。一个美好的清晨始于前一晚的准备工作。孩子做完家庭作业以后,父母可引导孩子根据第二天的课程需要,把书包整理好。当然,整理的内容还应该包括校服、运动鞋、绘画簿等。这样就可避免第二天早上出现这样的情景——"妈妈,你看到我的校服了吗?"

此外,请您注意一下家中卫生间的各类洗漱清洁用品(牙膏、洗面奶、洗手液等)是否齐全,避免第二天早上因洗漱清洁用品用尽而浪费时间去寻找备用品。睡前,也请确认一下,您的孩子是否调好了闹钟。

不少家庭每天早上都会因早餐而闹矛盾。一些孩子无法决定自己到底要吃什么。而另一些孩子则是家里缺什么食物，他就非要吃什么。在这种情况下，一张早餐计划表会很有用处。

> **早餐计划表**
>
> - 周一：可可/黑面包/草莓果酱
> - 周二：牛奶/白面包/巧克力酱
> - 周三：可可/吐司面包/玉米片
> - 周四：牛奶/燕麦片/奶酪
> - 周五：橙汁/酸奶/香肠

当然，您也可以发挥想象力和创造力，拟定一份更适合您家庭状况的清单。您也可以让孩子前一天晚上在计划表上勾选自己想吃的食物。

对于年纪尚小的孩子来说，您还可以把不同食物的图片贴在早餐计划表上。同时，您还要留意把家里已经吃完了的食物即时从表单中删除，这就能避免孩子不必要的抱怨或责难。

如果您家是多子女家庭，还有一点需要注意：前一天晚上，您最好把每个孩子的用餐座位安排好，或者您也可以给每个孩子指定一个座位。如果孩子们吃饭时经常吵闹，不妨额外安排一张小桌子——您可以根据每个孩子的表现，决定安排谁单独在小桌吃饭。这样的安排能让所有人都轻松愉快地吃完早餐。通过划分空间营造良好气氛，比聚在一起争执吵闹要好得多。

请注意，每一项安排在每天的日程中最好以同样的节奏进行，以便假以时日，这些行为能融入孩子的"血肉"之中，形成习惯。渐渐地，一切都会像与生俱来那样，按部就班地进行。日程安排越是有规律，孩子获得的支持就越多，对其养成规范行为的帮助也就越大。

一些看似微不足道的小小规划——例如制订早餐计划表和安排座位，常常能带给我们意想不到的效果。也许在开始实施这些新的计划时，会令您感到费心费力。但请相信，您的付出是值得的。

我们期待着这些很小的日常安排能在您的家中取得一些积极效果。

中性的第三者——闹钟

相信不少父母都因孩子早上赖床这件事而觉得头疼。

每天早上,范妮莎的妈妈不得不数次从厨房跑进范妮莎的房间叫她起床。

同样爱赖床的托比亚斯也同范妮莎一样,每天早上他在还睡得迷迷糊糊的时候和妈妈拌嘴:"你走开啦,我还要继续睡觉!"

如果您也有类似的烦恼,那么不妨试一试下文的这个方法——让闹钟来代替您,帮您叫醒孩子。闹钟本身不会有不快、愤怒或者其他的负面情绪,可以很好地完成这项工作。您可以同孩子一起去购买一个他喜欢的闹钟。每晚睡前，让孩子先把闹钟调至该起床的时间，然后把闹钟放在距离床边合适的位置，一个不得不爬起来，才能把闹钟关掉的位置。

不过，如果出现以下几种情况，例如，孩子任由闹钟一直响下去，也不愿起身关掉它，或是孩子关掉闹钟，然后又回到床上继续睡觉，又或是孩子和兄弟姐妹共用一个房间，其他可以继续睡觉的孩子被无端吵醒。那么您可以使用积分奖励计划来代替闹钟。

积分奖励计划：日常生活篇

在前文中，我们曾多次提到积分奖励计划。那么，到底什么是积分奖励计划？它又能起到什么作用？

积分奖励计划是一个划分明确且专门为孩子设计的奖励体系，它能够帮助孩子摆脱不良行为，建立良好的行为习惯。

通过马克斯的例子，我们向您展示如何制订积分奖励计划。

Step 1：

妈妈把每天早上与马克斯发生的不愉快和争吵都记录

下来。

Step 2：

根据记录，我们来看看哪些情况可以得到改善：

> ● 马克斯总要被多次提醒后才会起床去卫生间洗漱
>
> ● 洗漱后，马克斯不会立即去穿衣服而是会在房间里摆弄玩具
>
> ● 马克斯总是在家人快结束用餐时，才开始吃早餐
>
> ● 马克斯想要吃的食物已被别人吃掉
>
> ● 吃早饭时，马克斯总会与哥哥发生争吵

Step 3：

把以上需要改善的情况和期待看到的目标分别罗列出来。需要改善的情况我们用"BEFORE"表示，而期待看到的目标则用"AFTER"表示。

BEFORE
- 马克斯总要被多次提醒后才会起床去卫生间洗漱
- 洗漱后,马克斯不会立即去穿衣而是在房间里摆弄玩具
- 马克斯总是在家人快结束用餐时,才开始吃早餐
- 马克斯想要吃的食物已被别人吃掉
- 吃早饭时,马克斯总会与哥哥发生争吵

AFTER
- 周一至周五早7点准时到卫生间洗漱
- 洗漱后立即回房换衣服
- 全家人不必非要一起用餐
- 提前预留出他喜欢的食物
- 兄弟二人分桌而食

Step 4:

再进一步思考,还有哪些措施能够起到辅助作用。

Step 5：

整个流程中，Step 5 才是真正意义上的积分奖励计划。具体内容如表 1 所示：

表 1　积分奖励计划

情况	时间结点	最高分	获得的分数				
			周一	周二	周三	周四	周五
起床	7：00	2					
刷牙，洗脸	7：08	2					
擦面霜，梳头	7：10	1					
穿戴整齐	7：20	1					
书包放至门口	7：21	1					
吃早餐	7：35	2					
不争吵	早餐结束	3					
共计（日）							
共计（周）							

如果您也想为孩子制定一个积分奖励计划表，可参照马克斯的案例。在制定计划表时，请您注意以下 3 点：

（1）真实记录早上孩子在家的情形；

（2）在目标情况下用荧光笔画线标注；

（3）根据每一种情况的改变难度高低，调整其分值。

给每一种需要改变的行为确定一个最高分值。在开始实施积分奖励计划之前，与孩子一起商定，如未能做到计划中的某一项内容，例如未能按时起床，要扣除多少分，然后把讨论的结果记录下来。

在开始实施积分奖励计划前，请先确保孩子已经清楚了解整个计划，并接受评分的标准。等您把积分奖励计划表设计完成以后，只需要避免算错积分即可。此外，您还需考虑一下，把积分奖励计划表悬挂在家中哪个地方最为合适。

厨房其实是一个非常适合悬挂积分奖励计划表的地方。每天上学前，孩子在完成所有项目以后，您可以立即把分数填写上去。每天孩子放学回家，写完作业之后，您可以同孩子一起去厨房把积分奖励计划表填写好。每天晚饭后，您可以从容地把孩子一天得到的总分计算出来。

不过需要注意的是，有一些孩子可能不希望除家庭成员之外的人看到他的积分奖励计划表，可您家的厨房如果是开放式的，且常被用来招待来访者。那么就请您和孩子一起，另外选择一处合适的地方悬挂积分奖励计划表。

请您尽可能准确地填写积分奖励计划表，并尽可能在孩子表出现积极行为时，立即把相应的分数填写到表上。对正确行为的积极强化会对长期实施积分奖励计划大有助益。

计划实施的前期阶段，对于您与孩子来说，可能会感到不适应，甚至会觉得有些辛苦。但经过一段时间后，积分奖励计划的作用便会体现出来。您也将感受到，积分奖励计划对您也产生一些积极作用。它就像是一个支点，每一位家庭成员都可以从中获得支持，做事有据可依。令人烦躁忙乱的日常将逐渐变得不再混乱，每日的生活逐渐变得从容而有条不紊。

积分奖励计划可被看作一个激励体系。这也就意味着，您需要给孩子提供刺激奖励，促使他努力争取获得更高的积分。因为只有当孩子自愿接受"挑战"，他才会努力控制自己的行为，设法使其符合要求。

例如，马克斯希望可以延迟每晚上床睡觉的时间，并且希望周末可以在祖父母家过夜。借此，他的父母就与他商定了如下奖励规则：

如果马克斯在一周内，平均每天拿到 10 个以上的积分，那么下一周，他就可以每天晚半小时上床睡觉。

如果马克斯在一周内，平均每天拿到 10 个积分，那么他下一周，他还需按照之前规定的时间上床睡觉。

如果马克斯在一周内，平均每天拿到的积分低于 10 分，那么下一周，他必须每天提前半小时上床睡觉。

如果马克斯获得了满分为 60 分的周积分中的 50 分以

上，那么他周末便可以在祖父母家过夜。

如果他获得的周积分为 50 分，那么他周末只能待在家里，但可以比平日晚半小时上床睡觉。

如果马克斯一周内的总积分低于 50 分，那么他周末不仅不能到祖父母家过夜，并且要按时上床睡觉。

每个孩子都有自己的愿望，并且一般都愿意为实现自己的愿望而付出努力。所以，当孩子打起精神，努力遵守计划时，他就值得获取相应的奖励。

当然，只有在孩子了解并接受了整个积分奖励计划后，该计划才能发挥最佳效果。这也就意味着，父母需要和孩子一起来制订该计划，同时，你们还要一起就每一项奖励积分的细节设置达成共识。

对于您的孩子来说，什么是他愿意为之付出努力的？如果您想不到这一问题的答案。那么就请您在脑海中把孩子现有的权利和义务梳理一遍。也许您的孩子在家中已经拥有了太多权利，或是太容易就享有了某种权利，才会造成他没有愿意为之付出努力的奖励这一局面。

如果您的孩子可以每晚毫无节制地看电视，吃他爱吃的食物，或是拥有每一件他喜欢的玩具，并且把以上这些都视作天经地义，那么在这样的情况下，您又如何期望能激励孩子,改变他的行为呢?

在开始实施积分奖励计划前,请先向孩子解释一下"付出与得到"原则。让孩子明白,只有在付出和得到之间保持平衡,家中的一切才能稳定持久地存在。这一原则其实对孩子来说,也很容易理解——"无论我们想要得到什么,都要相应地为此付出一些什么"。反之,则"无付出,无回报"。

积分奖励计划正是建立在这一简单原则之上。

让孩子看到获得奖励的希望,同时让他知道,只要努力争取,就能获得相应的积分,从而获得奖励。但同时,父母也应让孩子认识到,如果积分未能达到最低标准,他将承担怎样的后果:要么放弃某些权利,要么承担家务劳动。

保障积分奖励计划奏效的重要前提条件有以下三点:

第一,孩子需先了解该计划存在的意义,然后与父母一起商定具体积分规则。只有当孩子自己参与游戏规则的制定时,他才会愿意履行这些规则。

第二,您需要与孩子一起商议并确定奖励内容。只有当孩子发自内心地渴望奖励内容时,他才会排除万难,努力争取。

第三，让孩子认识到，他完全可凭借自己的力量赢得积分，最终获得奖励。

有些父母可能会有这样的疑问：在孩子已付出努力却未能拿到最低积分的情况下，是否应该剥夺他的权利。关于这一问题的答案是，惩罚不是目的，想要达到目的，您可以试着提升"动机级别"。

您可以想象一下，孩子刚刚起床，就因为几分钟的磨蹭而失掉了2分，这一天的奖励也因此而泡汤。在这种情况下，又如何能激励他在一天接下来的时间里继续努力呢？不要寄希望于孩子一开始就能获得很高的积分。您的目的不是让孩子丧失信心，相反，您要鼓励孩子努力争取更高的积分，从而获得奖励。

万事开头难。需要改变的行为习惯越多，意味着孩子所要付出的努力也就越多。要想彻底改变习惯有多难，作为成人的我们，难道不是深有体会吗？所以，请为孩子取得的进步欢欣鼓舞吧。即便开始时，他的进步只有一点点。

积分奖励计划从开始实施的第一天起，孩子的行为就应出现一些积极的改变。如果情况并非如此，那么很有可能是因为计划存在某些问题。请将整个计划和积分规则再与孩子一起梳理一遍，相信从中您会发现一些"关键点"。

第五章 从"应该"转变为"愿意"

凡事不能毕其功于一役,因此,请从小处着手,逐步地对计划进行改进——例如,您可以先做一个简化版的奖励计划表。这就好比我们在学习打正式高尔夫球前,可以先学着打迷你高尔夫球一样。

在把所有需要调整的内容全部写入计划表之前,您可以先简单记录如下内容:

> - 将家中每日早晨的情况记录下来
> - 根据记录,挑选出1~2个您希望孩子调整或改进的行为
> - 确定您想要达到的目标
> - 简短归纳目标
> - 制定奖励规则,然后写入奖励计划表

"迷你高尔夫球"与"正式高尔夫球"的不同在于,它不是通过积分的方式鼓励孩子改进行为,而是通过一种"即时生效"的奖励模式,孩子在改进行为的当下,即可获得奖励。一旦您期待孩子改进的某个行为通过简化版奖励计划的实施得以"习惯成自然"时,您便可以把下一个需要孩子改进的行为列入计划之中。例如,您可以用"早餐时不争吵"来替代"5分钟内快速穿衣",写入计划表。但

要注意的是，不能用"迷你高尔夫球"代替"正式高尔夫球"。积分奖励计划才是帮助孩子养成良好学习习惯的关键。

积分奖励计划表就像一份合同，孩子和父母都要遵守合同上的约定。在这张计划表上，孩子曾获得的进步和成就一目了然。每当孩子看到上面的记录时，他也会为自己取得的进步和成就感到骄傲。

○ 规范有序的日程安排是保障孩子高效学习的重要前提条件。

○ 积分奖励计划是一个非常有效的工具，可帮助孩子养成良好的学习习惯。

○ 在孩子已付出努力却未能拿到最低积分的情况下，请不要剥夺他的权利。您可以尝试提升"动机级别"，以此进一步激励孩子。

计划做得好，学习事半功倍！

6 计划为王

在本章，您将了解到：
- 如何帮孩子建立物品整理规划的意识
- 如何引导孩子做好时间管理

令人头疼的家庭作业

刚开始上学的时候，孩子对写作业的兴致较高，大都能自主并兴致勃勃地完成家庭作业。但他们的这种兴致会逐渐丧失，有时甚至很快丧失。完成家庭作业成为不少孩子讨厌却不得不做的一件烦心事。一些孩子甚至把家庭作业说成一种折磨或是悲剧性事件。

对于父母来说，辅导孩子完成家庭作业是一件令他们感到头疼的事情。马克斯的妈妈回忆说："马克斯每天回家后，就坐到电视机前，一边吃饭，一边看电视。我一般会让他看1个小时左右，再提醒他该做家庭作业了。但他总是会说，'我这会儿还累着呢'或者'让我再看10分钟'要不就是'好的，马上'。久而久之，他养成了一种习惯，我几乎每次都必须催促五六次之后，他才会不情愿地关掉电视，然后闷闷不乐地回房写作业。有时，我们之间还会上演这样的戏码，我关上电视，他又打开。接下来的场景，您真该看看，他就像童话故事里那个名字古怪的小矮人一样，又跳又叫，而我通常会比他叫得还大声，以便能把他的叫声压下去，让他能听到我说的话。有时候，我甚至不得不抓住他的衣服领子，把他拎进房间，按在书桌前。当我看到他惨不忍睹的书桌时，我又会忍无可忍，命令他把桌面上乱七八糟的东西简单整理一下，然后冲着他大吼：'你赶紧开始给我写作业！'但可恨的是，他根本就不知道该做什么作业。于是我不得不先四处打电话，问清楚当天的作业内容。当我终于明确了作业内容，让他从书包里拿出课本时，我保证，就在此时，电话铃声一定会响。还没等我开口，马克斯就像闪电般从椅子上蹦起来，冲出房间。我不断提醒自己保持冷静，等他通完电话，我们又开始了新一轮的折腾。马克斯写了没几个字，就要去上厕所，或是说他快渴死了，要喝水。写作业的过程会中断好几次。陪他写作业的整个过程，比我工作一整天还要累。等他好不容易把这一套作业都写完了,我不但精疲力尽,还总会对他的作业质量感到不满意。可他却不在乎作业质量的好坏,写完最后一个字后,他就会开心地跑出房间。辅导孩子写家庭作业真是令人头疼啊。"

家庭作业计划

在马克斯的案例中,困扰马克斯妈妈的问题看似只是督促并辅导马克斯完成家庭作业。但实际上,它还涉及两个重要问题,这两个问题也是不少父母想要设法解决的:一是让孩子建立物品整理规划意识;二是让孩子做好时间管理。

具体来说,对物品的整理规划主要包括:书桌井然有序,物品摆放能够一目了然;书包整洁无杂物,书本分类收纳。时间管理主要包括:清楚了解作业内容;克服拖延的习惯,准时高效完成作业。

看到这里，您或许会感到眼前一亮，但又会立即产生疑问："如何才能让我的孩子做到以上两点呢？"

孩子大都不喜欢循规蹈矩，他们会觉得守规矩是件令人厌烦且多余的事情。但父母却希望孩子能自主自愿地遵守规则。想要实现这个目标，父母就要把遵守规则正确地"兜售"给孩子——也就是说，您必须让孩子清楚地知道，当他们遵守了规则以后会获得什么。

例如，您可以和孩子说："如果你能把书桌收拾得既干净又整齐，你肯定能更快地完成作业，这样你也就有更多的时间做你想做的事情了。""如果你能把你的书包整理得井井有条，你需要什么能立即找到，这样你在学校就能省下很多麻烦。老师也就没有理由总是训斥你了。"

人只有在知道有好处的时候，才肯改变自身的行为。孩子当然也不例外。因此，在您告诉孩子应如何建立秩序意识前，一定要让孩子了解，养成良好的物品整理与归纳习惯究竟能给他带来怎样的益处。

积分奖励计划2：家庭作业篇

什么是积分奖励计划，通过前文的介绍，相信您已经有所了解，它对于改变孩子的行为习惯大有助益。

当然，积分奖励计划不仅是为了帮助孩子从早上开始，就能顺利展开日常生活而采用的方法，它还可以帮助父母实现期待中的改变。

我们在马克斯的例子中看到，放学后的马克斯存在诸多不良的行为习惯。他的父母为了让他顺利完成家庭作业而制订了一个放学后的积分奖励计划。早上的积分计划，在前文中已经介绍过，这里不再赘述。现在我们来看一看，放学后的积分奖励计划该如何制订。

在给孩子制订计划时，不要期望孩子能一蹴而就完成所有的计划内容，您需要引导孩子逐步走向既定的目标，这样孩子就不会感到力不从心，半途而废。您可以参考如下的五步法制订计划：

Step 1：记录家庭作业的具体情况

Step 2：列表注明需要改变的情况（"BEFORE"）

Step 3：列表注明期待达到的状态（"AFTER"）

BEFORE
- 马克斯习惯一边看一边吃饭
- 马克斯躺在沙发上休息了1小时
- 妈妈不得不开始催促马克斯写作业
- 马克斯不知道自己有哪些作业要写
- 书包里乱七八糟
- 马克斯磨磨蹭蹭地写作业
- 马克斯写完作业以后，书桌一片狼藉

- 马克斯和家人一起，在餐桌旁吃饭
- 马克斯在房间或花园里休息20分钟
- 马克斯不需妈妈催促就开始写作业
- 马克斯打开作业本查看今天的作业内容
- 书包里的物品井然有序、一目了然
- 马克斯专心、顺畅地将作业写完
- 马克斯写完作业后，把书桌收拾得整整齐齐

AFTER

Step 4：思考一下，还有哪些附加方法，能有效帮助孩子实现既定目标

Step 5：与孩子商定好规则和对应的积分数值，并确定奖励方式

坐在电视机前吃东西已成为马克斯长期以来的一个习惯，因此，要想改变他的这一行为模式就变得十分困难。当某种行为模式已经带有所谓的"机械化"特征时，改变外在条件远比改变行为模式本身要更为简单有效。

换言之，针对马克斯的这种情况，让电视"消失"远比让马克斯放弃看电视更容易实现。请思考一下，您的孩子有哪些类似的"机械化"行为习惯。

书桌整齐，学习有序

整洁有序的学习场所是孩子顺利投入学习的前提。因此，在孩子写完作业后，最好督促孩子立即整理书桌，为第二天的学习做好准备。

理想状态下的书桌环境应该是什么样的呢？所有的学习用品，例如尺子、橡皮、铅笔、本子、闹钟或者计时器等都应摆放在眼前。而像玩具、食物等容易令孩子分神的物品，则最好不要在书桌上出现。此外，您可以在儿童室或客厅放置一张小桌子——让孩子可以在这张小桌子上放置一些与学习无关的物品（玩具、零食等），这会对保持书桌的干净整洁有很大帮助。学习资料和物品要始终如一地摆放在同一个地方，这有助于孩子在需要时，可立即取阅或使用它们，孩子无须因四处寻找这些东西而造成不必要的时间浪费。

让您的孩子蒙上眼睛或戴上眼罩（孩子们大都很喜欢这类的互动），去抓取他书桌上的物品。看看他是否能找到他的文具，大概需要多长时间。您可以帮孩子计时，算一下时间。

当然，您也可以尝试一次，让孩子来帮您计时。通过这样的方式，相信你们都能从中获得一些乐趣。

当孩子通过"盲寻"的方式也能快速找到自己的物品时，他便完成了迈向有效学习的第一步。

您可以与孩子一起去购买或自制一个笔筒和一个可放置作业本的收纳盒。如果家里的书桌比较小，那么可以在书桌上方的墙壁上搭建一个书架或搁板，作为存放书籍的地方。颜色不仅对情绪会产生影响，更重要的是，通过颜色分类检索的方式，能让我们对物品的属性一目了然。例如，我们可以把所有与数学相关的书籍、作业本、试卷及其他相关物品等，都放置到绿色的文件夹中。把所有与艺术课相关的书籍、作业本等，都放置到蓝色的文件夹中，以此类推。

书包整理计划

詹妮弗在数学课上心慌意乱地把书包翻了个底朝天也没找到自己的作业本。结果,她因没能完成作业被老师记过一次。詹妮弗觉得既委屈又难过。

放学回家的路上,詹尼弗本打算给好朋友看看她新买的贴纸,结果却发现,自己手里拿的正是自己在课堂上怎么找也没找到的数学作业本。

马克独自站在教室门口,教室的门紧锁着。他不明白为什么上课的时间已过,可教室里一个同学都没有。在他心神不宁地徘徊在教室门口时,他的数学老师碰巧路过,经老师的提醒,马克这才回想起来,今天是全班去动物园参观的日子。昨天老师派发的需要家长签字的那张通知单已被马克揉成了一团,此刻正躺在他书包里的某个角落,上面还注明了,今天所有同学都要提前半小时到校。

以上的两个案例告诉我们,书包收纳整理的重要性。

以下是一些书包收纳整理的小技巧:

把不同课程所需的物品,分别放在书包的不同隔层中。如果书包隔层不够,可用分层式文件夹来帮助分类。

活页文件夹有助于将文件分门别类。请告诉孩子,如何使用活页文件夹来整理文件。以免孩子因不明白活页文件夹的构造,而试图用蛮力将文件夹拽开,令其损坏。

如果孩子在整理书包时遇到了困难,您可以让孩子根据他第二天的课程来整理书包。假设孩子第二天的课程表如下:

首先,数学课需要作业本、课堂笔记本、教科书。

其次，体育课需要跳绳、运动鞋。

再次，语文课需要作业本、课堂笔记本、教科书、课外阅读书籍。

最后，艺术课需要绘画簿、水彩笔、彩色铅笔。

将第二天所需物品按科目分类，列出清单后，孩子便可以开始整理书包。整理的过程中，您还要提醒孩子将已装进书包的物品在清单上划去。

书包收拾好了，书桌也整理干净了，最后，只要把书包放在书桌旁，第二天一早，孩子随手抓起书包便可以出门，再也不会因忘记带东西而被老师批评了。

今天你记作业了吗

　　写好作业从记录好作业开始。请提醒孩子，老师在布置作业时，尽量把作业的内容和要求准确细致地记录在专用的作业记录本上，这样可避免回家后因搞不清作业内容或要求而先去询问他人。在刚开始记作业阶段，孩子可能会毫无头绪，记录得毫无章法——昨天记在一页的中间，今天记在另一页的开头。遇到这类问题，您可以为孩子购买有左右分栏线的记录本，这种本子有助于规范孩子的书写习惯。此外，您还应提醒孩子在记录作业时要养成注明日期的习惯。

即便准确记录作业的内容和要求对刚上学的孩子来说有一定的困难，也请提醒孩子要规范地书写。因为不规范的书写很有可能导致理解上的偏差。

为了使家庭作业的内容和要求更为醒目地展现在记录本上，您可以让孩子用不同颜色的笔记录不同科目的家庭作业。例如，语文作业用蓝色笔记录，数学作业用黑色笔记录，或是用不同的色块划分出记录每一科作业的区域。

事实证明，对于写字慢的孩子来说，用不同的色块将所记录的内容作以分隔是非常有效的方法。色块可事先让孩子在家画好。这样一来，孩子就不必在记录作业时，因为要寻找不同颜色的笔而耽误时间，影响记录速度。

除了记作业，记录本也应用来记一些重要事项，例如考试时间、学习小组的计划安排等。对于那些记性差且做事慌乱的孩子来说，将重要事项整齐规范地记录在本子上是绝对必要的。您还可以让孩子专门用一种颜色醒目的笔来记录这些重要事项。

在孩子完成家庭作业后，您还应提醒孩子要立即整理书包，为第二天的课程做好准备。

此外，请与孩子商定一个每日完成家庭作业的时间——最好每天都在同一个时间段。在这段时间内，家里要尽量保持安静。安静的环境对孩子来说是绝对必要的，因为孩子一旦被外界事物干扰，重新收回思绪是件不容易的事情。

时间管理计划

卡特琳娜一个人在房间里玩拼图。她的妈妈在厨房里第五次冲她喊,是不是该去做作业了。妈妈听不到卡特琳娜的回答,半小时后,当妈妈从厨房出来后才发现,卡特琳娜还没开始动笔写作业。

通常来说,要求被不断重复之后也就失去了它的分量,容易被他人忽视。父母对孩子的要求最好是有目的性地提出。不过您也可以寻找另外一条路径,在您多次提出要求无效的情况下,帮助您解决问题。这里所说的另外的那条路径依然是闹钟。

请先和孩子商量好,在写作业之前,他需要休息多长时间,然后用闹钟定时。等闹钟一响,孩子就应该到书桌旁坐下。请注意观察,看孩子是否能遵守这一约定。此外,您还可以参考以下几点建议有效培养孩子的时间管理意识:

请与孩子一起判断完成每一科家庭作业分别所需要的时长。不要把时间安排得过于紧凑,以免让孩子产生不必要的压力。但太过宽松的时间安排,会导致孩子因磨磨蹭蹭而耗费大量的时间。如果您不能确定完成作业所需的时长,您可以咨询一下孩子的老师,给孩子设定一个合适的时长。

当闹钟响起,请查看一下孩子是否已经完成作业了。之后,您可以和孩子一起分析一下,实际时长比之前你们一起设定的预计时长更长或更短的原因。您也可以借助下表更好地掌握孩子写作业用时情况。

```
姓名:_____          日期:_____
学科:_____
作业内容:_____
预计用时:_____
实际用时:_____
实际用时比预计用时更长还是更短?
    □更长          □更短
原因:_____
```

在此基础上,您可以为孩子制作一个个人时间管理计划。它可帮助孩子:

○ 改掉拖延磨蹭的坏毛病

○ 培养良好的时间观念

○ 学会如何在有时间压力的情况下学习

在最初进行时间管理的阶段,孩子需要您的支持。您可能需要做好每天给予孩子帮助的准备。当孩子有了时间管理意识后,您就能看到,孩子独立并且顺畅地完成家庭作业。

告别填鸭式学习

奥利弗的祖父是位护林员。奥利弗很喜欢和祖父在森林里穿行,听祖父讲各种树木的故事。一次,学校老师组织以"我们的森林"为题进行讨论时,奥利弗不仅凭借自己从祖父那里积累的知识为大家提供了丰富的信息,他还带来了同祖父一起在森林中搜集的特别的树叶、树皮以及自己拍摄的树木照片,作为展示品供大家欣赏。奥利弗掌握的知识足以令他出色地完成所有的课堂测验题。他在实践的过程中,调动了所有的感官系统学习关于森林方面的知识。他并不是为了完成一次课堂测验而学习,但鉴于他有效的"学习"方式,他取得了好成绩。

拉拉是一个对知识如饥似渴、学习勤奋的女孩。课堂上,她会全神贯注地听老师讲课,遇到难理解的内容时,她会立即向老师提问。回家后,她会认真仔细地完成作业。当想要获得课本以外的知识时,她会上网自己搜寻。同奥利弗一样,拉拉也不是为了完成课堂测验而学习。

米娅虽然不像拉拉上课时那么专心致志,但她的课堂测验成绩也很好。她的家庭作业大都是在妈妈的帮助下完成的。同奥利弗或拉拉相比,为了能在随堂测验中取得好成绩,米娅不得不死记硬背,努力地把知识点"塞进"脑袋中。三周前学过的知识,随着测验的结束,米娅已经忘掉一大半了。

菲利克斯在最近的一次考试中发现,自己对很多知识都还未掌握,这让他感到十分气恼。之前他的确认真复习过,可不知怎么搞的,很多试题他还是做错了。最令菲利克斯感到气愤的是,考题中不少知识点恰恰是他此前很有把握地认为不重要,也不会出现的。

卢卡在数学考试中只答对了一半的题目。所有在前一天下午认真复习过的题目,他的确都会了。卢卡想,也许他真该提前两天就开始复习,这样的话,他就能把所有的习题都做一遍,那么在这次的考试中,他至少可以拿到2分。

像奥利弗或拉拉这样的孩子,他们不是为了测验,而是为了掌握知识而学习。因此,他们的学习效果总是非常理想。可遗憾的是,这样的情况相对少见。对于大部分的孩子来说,如果不是通过做大量的练习题就无法掌握知识。这种填鸭式学习可能在面对考试时,会产生一定的效果,但从长远的角度来看,它不仅会扼杀孩子的创造力和想象力,还会令孩子对学习产生厌倦。这种填鸭式学习方法,在应对考试方面的确会产生一定的短期效果。但从长远的角度来看,它不仅会令孩子对学习产生厌倦心态,还会扼杀孩子的想象力和创造力。那么,究竟该如何做,才能让孩子告别填鸭式学习,成为像奥利弗和拉拉一样的学习高手呢?

随堂考试计划表

课堂考试计划表是帮助孩子复习的好帮手,在老师告知课堂测验的具体时间后,孩子便可以着手填写考试计划表,具体内容如下(以数学考试为例):

> 1. 考试科目:数学
> 2. 考试日期:2月23日,星期二
> 3. 需要用来复习的天数:6天
> 4. 需重点复习的知识点
> ①乘法;②除法;③乘除法混合;④应用题。

5. 如何复习知识点

①借助教学软件自主复习乘法表；②妈妈出乘除法题目，我来回答；③爸爸陪我做乘除法混合应用题。

6. 该如何安排复习时间？

日期	时间	学习内容
2月17日	15：30-16：00	1~6的乘法练习
2月18日	15：00-15：30	7~10的乘法练习
2月19日	14：00-14：30	1~10的乘法练习
2月20日	10：00-10：45	1~10的除法练习
2月21日	10：00-10：45	应用题练习
2月22日	15：00-16：00	知识点混合练习

尽可能不要让孩子一次完成所有的复习内容。应按照复习计划，一步一步地推进。

只有当孩子完全掌握了一个知识点以后，他才能清空头脑，为学习下一个知识点做准备。因此，在您确切地知道，孩子已经学会并记住了所复习的内容之前，不要着急让孩子开始做下一个知识点的习题。

考试前一天，与孩子一起，再把所有习题梳理重做一遍，确保孩子理解了知识点并能熟练解答习题。

培养独立学习和工作能力的前提条件就是学会对学习和工作内容进行结构化处理，在此基础上，逐渐形成结构化思维模式。填写计划表是帮助孩子养成结构化思维模式的有效方法。在初期阶段，孩子对填写计划表可能会感到困难或麻烦，作为父母，您需要多鼓励孩子，根据孩子的自身情况，引导孩子对计划表中需要填写的内容（复习时长、方式、内容等）进行预测。

有的父母可能会有这样的疑问："如果我根本就不知道什么时候有课堂考试，那我又该如何提醒孩子填写考试计划表呢？"

如果孩子还不能够将课堂考试的时间和内容，准确无误地记录到作业本上，您可以尝试以下2种方法：

方法1：请求任课老师监督查看，孩子是否把考试的科目和日期用红笔在他的家庭作业本上准确记录下来。

方法2：在积分奖励计划中，设立一个特别得分和特殊奖励项。通过给予特别积分的方式，强化孩子对记录考试时间和考试内容的重视程度。

以上做法听起来似乎很麻烦。但如果您在开始的时候，愿意多花费一些心思，与孩子一起系统地填写计划表，那么一段时间后，当孩子通过这一方法养成结构化思维模式后，您会看到孩子在学业上的进步。

孩子课堂考试成绩糟糕有可能会导致家庭气氛紧张压抑。

玛蒂娜的德语听写得了5分。吃完晚饭后，她非常内疚地把考试成绩告诉了爸妈，爸爸痛斥了她一顿，让她立即回房反省。回房后，玛蒂娜隐约听到爸爸在楼下客厅，对妈妈大声抱怨："那你呢？你就没什么好说的吗？你当年不也是学渣一枚。你现在知道，玛蒂娜的坏成绩是从谁那里'继承'来的了。"

孩子如果考试成绩不理想，作为父母，在大放厥词之前，请您先平心静气地向孩子了解清楚他考试失利的原因。给孩子一个解释的机会，之后，再同孩子一起探讨以下三个问题：

> 问题一：在这次考试中，我和其他同学相比，情况如何？
> ☐ 更好
> ☐ 既不好，也不坏
> ☐ 较差

> 问题二：这次考试不理想的主要原因是什么？
>
> ☐ 没有努力学习
>
> ☐ 考试时注意力不集中，因马虎大意而做错了很多题目
>
> ☐ 没有做好考前复习
>
> ☐ 其他原因：
>
> _____
>
> _____
>
> 问题三：如何为下一次考试做准备？
>
> _____
>
> _____

在与孩子谈话的过程中，您应尽可能地保持从容镇定。一次糟糕的成绩已经是无法改变的事实。重要的是，冷静分析并找出考试失利的原因。为了实现这一目标，孩子要做好准备，参与到讨论之中。只有当孩子不必为抵御父母的责备而寻找各种理由辩解时，他才愿意配合父母，对考试失利做出正确的分析。因此，在开始谈话前，您可以告诉孩子，你们要寻找的是导致失利的原因，而不是过错方。

此外，您还应与孩子一起，将试卷从头到尾仔细查看一遍。孩子在考试时，有可能出现以下几种错误：

> ☐ 对题目草草一读，未能深入理解，导致答非所问（专注障碍？）
>
> ☐ 由于没有把数字上下对正，排列整齐，导致计算错误（缺乏秩序感？）
>
> ☐ 从试卷上抄写题目时写错了（考试紧张？专注障碍？）
>
> ☐ 试卷被弄皱、弄脏（考试紧张？）
>
> ☐ 字迹潦草难辨（考试紧张？）
>
> ☐ 出现数字颠倒现象（认知障碍？）
>
> ☐ 计算时用"+"代替了"-"（专注障碍？）

观察孩子写作业的情况，并将其记录成日志。例如：

> 3月13日，周一
>
> 阅读：玛蒂娜读得结结巴巴。她对前缀和后缀都有吞音问题，把"bade"读成了"dabe"，把字母"d"和"b"搞混了。理解课文也有一定的困难。

> 书写：玛蒂娜抄写作业很费力，持续了40分钟之久。每写一个单词，她都要看一眼课本。
>
> 数学：除了应用题，其他题目她都可以独立轻松完成。
>
> 常识：收集树叶并依照实物画下来，玛蒂娜兴趣盎然地完成了这项作业。

您可以带着您记录下来的情况，咨询孩子的任课老师。在某些情况下，您也可以向学校的心理辅导员进行咨询。

如果以上所有方法都不能对孩子产生帮助，您可能就需要搞清楚，孩子在学习方面是否存在比较特殊的问题了。

- 通过家庭作业计划，引导孩子在学习上建立秩序，并解决时间管理问题。
- 积极面对孩子的过错，鼓励孩子今后尽可能避免再犯类似的过错。
- 通过课堂考试计划，帮助孩子在学校里取得好成绩。

"学渣"与"学霸"的距离有多远?

提升学习力，
原来还可以这样做

在本章，您将了解到：
- 优先奖励原则及"我想要"原则的使用场景
- 父母处理孩子学习问题的态度对孩子会产生怎样的影响
- 孩子完成家庭作业Q&A

优先奖励原则

7岁的尤利乌斯爱吃小熊糖,并且十分贪玩,他一玩起来就忘了时间,他的妈妈在督促他写作业方面遇到了困难。写作业的时间总会被他一拖再拖。

在这种情况下,我们可以设立一个优先奖励的原则,奖励内容可以设定为尤利乌斯喜爱的小熊糖10粒。具体过程如下:

晚饭后,妈妈可以先从糖罐中取出10粒小熊糖,放到餐桌上。稍事休息后,按照规定,此时尤利乌斯应该和妈妈一起到书桌旁坐下,开始写作业了。如果尤利乌斯没有按规定开始写作业，那么每过 1 分钟，他最终所能拿到的小熊糖就会减少 1 粒。

在写作业期间，如果尤利乌斯注意力不集中，妈妈就可以提醒他："集中注意力，尤利乌斯。你继续走神的话，1 粒小熊糖可就要归我了。"

尤利乌斯可不想少拿哪怕只是 1 粒小熊糖，所以，他再次集中注意力，快速并顺利地写完了所有家庭作业。作为奖励，尤利乌斯可以开始享用他最爱的小熊糖了。

"我想要"原则

当两种不同程度的吸引力行为出现时，用吸引力较高的行为奖励吸引力较低的行为，这便是"我想要"原则。

芬恩痴迷于电脑游戏。他恨不得一放学回家就坐到电脑前打游戏。但他很清楚，书房的门是锁上的。他只有认真完成了家庭作业之后，妈妈才会打开那扇门。

芬恩的父母很好地利用了"我想要"原则。如果芬恩可以在玩电脑游戏和写作业之间进行选择的话，那么他毫无疑问会选择电脑游戏。所以，对于芬恩来说，这个吸引力较高的行为（玩电脑游戏），就可以被当作对吸引力较低的行为（写作业）的奖励。当芬恩只有在完成作业之后才可以玩电脑游戏时，"我想要"原则才会发挥作用。

要注意的是，不能让孩子以敷衍了事的态度完成他们不太想要完成，即吸引力较低的行为，简单地将事情应付过去只为了能尽快获得奖励。奖励只有在认真完成吸引力较低的行为的情况下才可获得。所以，父母对孩子的表现需要进行监督。当然，如果写作业对您的孩子来说，并不属于吸引力较低的行为，那再好不过了。

其实，通过"我想要"原则（仍以写作业为例），孩子收获的不应只是会做几道作业习题，他还应获得您的鼓励和表扬。所以，请不要吝啬您的鼓励和表扬，因为鼓励和表扬会让孩子变得更加自信和强大。

用支持取代要求原则

通过前文的介绍,相信您已经了解到一些有助于提高孩子学习效率的方法,例如积分奖励计划、时间管理计划、整理书包计划等。不过,我们还有一个重要的因素没有讨论,那便是父母对孩子的爱。

"用爱坚持"——充满爱意、坚定不移,被证明是与孩子相处时十分有效的方式。"充满爱意"和"坚定不移"在商业领域也被认为是优秀领导者所应具有的内在"能量"。

在任何情况下,请您对孩子的行为都尽量保持冷静的处理态度。我们通过下面的几个案例来解释一下,父母对于孩子的行为做出正面反应与负面反应的区别。

案例1：路易斯不太情愿地坐到了书桌前，嘀嘀咕咕地抱怨着："那个蠢货为什么布置了这么多的作业，我根本就写不完啊，他真是太讨厌了。"

> 真心附和一下孩子的抱怨，比如，您可以说："是啊，今天的作业真是不少呢。不过我相信，只要你集中精力，很快就能全部完成的。"
> 对孩子的感受表现出您的同理心，进而鼓励孩子，推动他去完成作业。

家长的正面反应 VS 家长的负面反应

> "作业根本就没有你想象的那么多啊，要知道，你是在为你自己学习，又不是为了老师而学，你不做作业的话，惩罚的不是老师，而是你自己。"

分析：理解和鼓励远比说教更容易被孩子接受。在"家长的正面反应"中，您的"抱怨"表面上看好像并不利于孩子开始行动，但其实不然，抱怨作业多只是孩子宣泄情绪的方式，此时，他需要的不是您的说教，而是理解和鼓励，前者只会令孩子更加反感写作业，后者才能促使孩子开始行动。

我们再来看几个案例：

案例2：尼克拉斯已经认真完成了他所有的家庭作业。但最后的几行字，他写得非常潦草。

"宝贝，你今天的作业完成得很好，你进步真大，我为你感到骄傲。但如果最后的这几行字也能像前面的作业写得那么认真、漂亮，我打算好好奖励你一下。"

家长的正面反应 **家长的负面反应**

"前面的作业写得还可以，可是后面这部分怎么这么潦草呢。快把后几行字干净整齐地重新抄写一遍。"

分析：在"家长的正面反应"中提到的奖励，您如果答应了孩子，请一定不要忘记。如果您言而无信的话，孩子会感到十分失望的。不要在细节上纠结，批评孩子。这样只能让孩子感到更沮丧，而不能强化孩子的学习动机。

案例3：星期日，妈妈陪克斯汀在家复习数学习题。经过一天的努力，克斯汀终于弄懂了所有的习题。可在第二天的课堂测试中，她却只得了5分。

> 考试前一天晚上，针对孩子的勤奋努力，给她一个小奖励，并告诉她："我为你感到自豪，经过一天的努力，你把所有的习题都弄懂了。"
> 考试结果不理想时，请给予孩子安慰和鼓励。

家长的正面反应 VS 家长的负面反应

> "周末我和你一起做了这么多练习，究竟是为了什么呀？我真是搞不明白，你怎么又只得了5分，我对你太失望了！"

分析：奖励孩子所付出的努力，而不是他考试所取得的成绩。这样才能够建立并强化您与孩子间的信任。让孩子了解，输掉了考试并不意味着输掉了一切。在给予孩子足够的安全感后，您可以试着去了解他这次考试成绩不佳的原因。也许和老师谈谈能帮助您找到问题所在。

案例4：莉莉一脸悲伤地望着她眼前的计算题，绞尽脑汁也想不出这道题的答案是多少。她搞不清楚，究竟"除以"是什么意思。

> 您从橱柜里拿出孩子喜欢的曲奇饼或小熊糖。然后把其中的6个放在孩子面前，接着请她把曲奇饼或小熊糖分成两份。您可以和她这样解释："分成两份的这个动作，其实在数学中就是'除以'的意思。"

家长的正面反应 VS 家长的负面反应

> "这不是很简单吗。乘法你已经知道得很清楚了呀。除法不过就是'倒过来'的算法而已啊。"

分析：您可以用简单的话向孩子讲解课本上的内容，在此期间，要注意孩子是否在认真听以及是否听懂了您的话。您还可以用实物（比如孩子喜欢的曲奇饼或小熊糖）给孩子做展示。将抽象的理论具象化，会更有助于孩子对知识的理解。

案例5：赛巴斯蒂安今夫终于没有抱怨，顺利地完成了作业。

"宝贝，今天你不仅没有抱怨，而且顺利地完成了作业。你做得太好了。"

家长的正面反应 VS **家长的负面反应**

"我希望你今后都能像今天这样，顺利写完作业。之前，你每次写作业前都要拖拉、抱怨好一阵子，这个坏毛病真的要改改了。"

分析：表扬能给予鼓励，并强化动机。表扬不一定要用言语说出来。一个充满爱意的手势有时可能会比语言更有表现力。

案例6：多米尼克抄写文章时，又犯了很多错误。

"你的抄写一共有12处错误，现在你来做一个'超级侦探'，把这些错误统统找出来好不好？找出一个错误，我就奖励你1粒小熊糖。"

家长的正面反应 VS **家长的负面反应**

"抄写都能出错，你怎么这么粗心大意呢。"

分析：从一句抱怨责备的话中——如"这么简单的东西还不会，你到底有没有动脑啊""你怎么这么马虎，做题时不能仔细一些吗"——孩子是学不到任何东西的。相反，这类贬低孩子的话语会伤害孩子的自尊心，并降低孩子的自我认同感。请您在任何时候都不要对孩子进行人身攻击。

请为孩子力所能及的一切感到骄傲

发掘孩子的优势和潜能。也许他很擅长跑步,也许他游泳很出色,也许他歌唱得棒,手工做得好,绘画能力强。

事实上,您在孩子身上所发掘的优势和潜能是什么并不重要,重要的是,让孩子了解自身潜藏的优势和才能,并且,您为他拥有的这些优势和潜能感到自豪。请告诉孩子,您会永远站在他的身边,给予他支持和鼓励。

如果您希望您的孩子在今后的人生中走得更远、更好，那么您应时常向孩子灌输这样一个观点：要永远相信自己，并且您也会永远相信他。

孩子写作业 Q&A

Q: 是否应该让孩子每天固定时间开始写作业?

A: 不必,但最好把时间定在每日某件必做事件之后。这样能使孩子逐渐对准备写作业的行为内化。例如,马克斯一般会在吃完晚饭,休息20分钟后开始写作业。

第七章 提升学习力，原来还可以这样做

Q 如何做才能令孩子集中注意力，快速进入学习状态？

A 首先，对于所有那些与完成作业无关的东西，都应放在孩子伸手可及的范围之外。而那些在学习过程中需要用到的物品，则应整齐地在书桌上摆放好，让孩子在需要使用这些物品的时候，伸手可及。其次，让孩子发挥想象，"涂鸦"自己的练习本和教科书的封皮，因为色彩能令孩子在看到乏味无趣的练习本和教科书时，产生愉悦感。最后，在孩子做作业期间，请注意尽量避免噪声干扰。

此外，您可以带孩子到商店选购学习桌椅、护眼灯等家中必备物品，咨询服务人员的同时，让孩子试用并感受其舒适度。当然，您也可以自行浏览商品手册进行选购。

Q 孩子放学回家后,是否要稍作休息再写作业?大约多长的休息时间合适?

A 孩子的习惯差异很大。有些孩子放学后会立即开始写作业,并且一定要写完才行。而有些孩子,则需要一段放松休息的时间。对于上小学的孩子,您可以根据孩子的具体情况,并兼顾您本人的时间安排,来为孩子设定写作业的时间。这样,当孩子在学习中遇到困难时,您可以及时给予他帮助。

Q 孩子说,他一边听音乐一边写作业效果更好,请问这可能吗?

A 这完全有可能。有些孩子在有轻柔背景声音的环境中,能更好地集中注意力。但音量不宜过大,否则会干扰孩子的注意力。

- 当两种不同程度的吸引力行为出现时,用吸引力较高的行为奖励吸引力较低的行为。
- 在任何情况下,请您对孩子的行为都尽量保持冷静的处理态度。
- 父母应时常向孩子灌输这样一个观点:要永远相信自己,并且您也会永远相信他。

"笨小孩"的梦想

我的
Mèng想
是开灰机

特殊情况——注意力缺陷障碍&学习障碍

在本章,您将了解到:
- 学习障碍有哪些特殊的形态
- 如果孩子被确诊患有学习障碍,您可以做些什么

第八章 特殊情况——注意力缺陷障碍&学习障碍

在前文中,我们提供的所有建议,可帮助绝大部分的孩子提高注意力和学习力,但对于某些孩子来说,前文的建议可能并不适用于他们。在这种情况下,作为父母,您应该主动寻求专业帮助,因为孩子的问题很有可能是由某种特殊情况所导致的。

注意力缺陷多动障碍[①]

还记得第一章中提到的法比安吗?尽管他的父母在帮

---

① 注意力缺陷多动障碍(Attention Deficit Hyperactivity Disorder,ADHD),俗称多动症,其发病原因很多,是儿童青少年时期常见病,有的甚至延续到成年。注意力缺陷多动障碍主要分为三种类型:以注意力缺陷(难以保持注意集中、容易分心、做事有始无终等)为主的 I 型、以多动冲动(过度好动、喧闹等)为主的 H 型、和两种症状都具有的混合型-C 型。近年来,由于环境、教育等因素,注意力缺陷多动障碍的发病率有逐年增高的趋势。

他安排日常生活的过程中付出了很多心血，但令他们烦恼的状况依然会出现。这期间，法比安虽然已经能够很好地完成家庭作业，并且很少再出现忘写作业的状况。但在学校，法比安仍被看作害群之马。他的问题源于无法集中注意力。

从扬尼克上小学2年级开始，他的父母就越来越为他感到担心。每次写作业时，他不是在自己的座椅上扭来扭去的，就是如做白日梦般不知在想什么。课堂上，当他想要发表自己的意见时，他会不顾课堂秩序，也不顾老师是否允许，立即开口说话。

老师对扬尼克越来越没有耐心。课间休息时，扬尼克时常会和其他同学吵架。他很容易被激怒，反应也总是很强烈，有时甚至可以用过激来形容。

扬尼克没有真正的朋友。他很难遵守规则，大部分情况下，他无法听进别人的话，他的父母为此感到很头疼。

马克斯的问题同法比安、扬尼克类似，经专业检查后发现，这3个孩子都患有"注意力缺陷障碍"。从统计数据来看，在德国，有8%~10%的孩子深受其苦。

患有注意力缺陷障碍的孩子会表现出与年龄不相称的注意力不集中，不分场合的过度活动、情绪冲动等状况。

同时，他们还可能伴随有一定程度的认知障碍和学习困难。他们并非有意却总是跳来蹦去动个不停。他们产生以上症状的原因是他们的"专注力中心"受到了干扰。

部分患有注意力缺陷障碍的孩子缺乏行为驱动力，他们总像梦游者一样，迷迷糊糊，无法跟上大家的节奏。他们在自身"内在图像"的影响下而不能有效地控制自己的注意力。

据科学研究发现，神经末端释放的神经递质传导失衡是造成孩子注意力无法集中的根本原因。

为帮助这些孩子建立秩序和规则，令他们能更好地对外在环境进行分析归类，辨识出自己的优势和劣势，额外的一些训练活动对于家长和孩子通常都是很有帮助的，但想要做到这些常常并不容易。

在过去的一年里，马克斯学会了如何调整自己的注意力。他的优势和强项也变得越来越清晰可见。他的父母同他一起，制订了"日常及学习管理计划"。在制订计划的过程中，他们还冒出了许多新主意。此外，马克斯还参与了一项针对多动症儿童的训练活动。他现在能够在限定的时间内完成作业。他因此也有了更多的自由时间，可以开心地在球场上踢足球。在课堂上，他也不必总是为了获得关注而扮演滑稽角色了。

梅丽萨（6岁）在入学前被父母带到了儿科诊所。梅丽萨对一切都表现出浓烈的兴趣。她在游戏的过程中，总会发挥自己丰富的想象力，能编出很多有趣的小故事。此外，她的语言表达能力也很强，能说会道并且总是急于发表自己的看法。但这也导致她在幼儿园和家中，想要对一切事务做决定，而无法接受幼儿园老师或父母的想法和要求。由于梅丽萨一贯的强势作风，没有小伙伴愿意与她做朋友，而她也为此感到很难过。

有时，梅丽萨会因想要同时做多件事情而变得混乱。例如，她无法静下心来，不紧不慢地画画，总是急不可耐地把脑海中冒出来的东西，一股脑儿地"倾倒"在纸面上。她的画作充满了想象力和表现力，不过就是有些混乱。

儿科医生与梅丽萨的父母共同为梅丽萨制订了一个计划，旨在让她学会等待，并在思考后再开始行动。他们为梅丽萨搭建了一个"定位框架"，趋近于一成不变的日程安排。

如果梅丽萨遵守了规则，就可以得到奖励。经过几个星期的训练后，梅丽萨能够比较正常地参与谈话，也知道有时要等待一会儿，为别人预留出说话的时间。此外，梅丽萨还学会了经过思考后再平和地表达自己的想法，与其他小朋友玩耍时，她也能接受别人的游戏建议。

然而，在超过三个人的群体里，梅丽萨还是像从前一样很难相处。她的注意力仍然只能够维持几分钟。

在采取上述"训练"的同时，梅丽萨还进行了一个周期的药物治疗。现在，梅丽萨的注意力涣散问题已经很难被觉察到了。她可以很好地参加集体活动，不再惹恼他人，她很高兴终于可以重返校园了。

学习障碍

据儿科专家介绍,通过专业的检测和分析,在大部分情况下,是可以判断孩子是否患有学习障碍。要注意的是,这里所说的学习障碍有别于我们通常所说的"学习困难",是指个体在涉及理解或运用语言(口头或书面语言)方面的一种或多种基本心理过程出现失常。这种失常可能表现在听、想、说、读、写或数学计算方面的能力不足。但不包括由视觉、听觉或运动系统缺陷,智力落后,情绪失常或由环境、文化或经济状况等引起的学习问题。它主要由大脑中枢神经系统功能不全所致。

第八章 特殊情况——注意力缺陷障碍&学习障碍

很多孩子聪明、富有想象力且情感充沛,但由于他们在某个发展阶段或领域出现了障碍,他们的父母便会因此而深陷困扰。

一般而言,有学习障碍的孩子,他们的智商大都在正常范围内,有的甚至还会偏高。但偏偏大多数人认为很简单的事情,他们即便付出巨大努力也很难做到。当一件普遍认为简单的事情变得艰巨,就有可能对他们造成深远的负面影响。在学习上,由于他们很少能获得父母或老师的肯定,因而,他们大都缺乏自信,挫败感会使他们变得不愿与人相处。这些都会进一步演变成严重的行为问题,影响他们今后的发展。

孩子患有学习障碍,对父母来说,他们想尽方法,尝试过各种可行建议,可孩子的成绩依然不见任何起色,他们每天生活在无助、愤怒和内疚中,对于他们来说,孩子的学业似乎成为他们挥之不去的噩梦……

那么究竟有哪些常见的学习障碍会影响孩子的学习呢?

1. 阅读拼写障碍

安德莉亚娜拼命地吞食甜食,想以此对抗听写测验不及格的沮丧和挫败感。在测验前,安德莉亚娜进行了多次练习,但不知为什么,她还是无法记住单词的正确拼写方式,不过,她的阅读理解能力和数学分析能力也不尽如人意。

凯文读2年级了。最近几周,他不想再去上学。虽然他在课堂上很活跃,但在拼写方面困难重重。他常常在课堂朗读时被同学们嘲笑,因为他总是读得结结巴巴的。他也因此对上学产生了一丝恐惧。

马库斯刚升入4年级。最近他总会想,要是自己会魔法而不必做听写练习,那该多好啊。尽管他已经上了很久的课外补习班,每天反复抄写他在听写中常出错的词语,但他的德语成绩依然不见起色。虽然马库斯的作文写得不错,但由于他的拼写错误过多,他每次的作文成绩也只能勉强拿到4分。

其实,安德莉亚娜、凯文和马库斯,他们都患有"阅读拼写障碍"。对于他们来说,将语音转换成书面文字是非常困难的。他们虽然不能像其他同龄孩子顺利地完成阅读和拼写,但通常,他们其他科目的成绩会不错。

阅读拼写障碍是学习障碍中较为常见的一类。对于患有"阅读障碍"的孩子来说,如果父母或老师能较早发现孩子出现相关症状并及时带孩子进行治疗,孩子就有可能避免面临以下困扰:厌学、自我意识薄弱以及心因性躯体症。

通常，观察仔细的父母在孩子读完 1 年级前后，便可注意到孩子是否在读写上存在障碍。那么，到底该如何去辨识孩子是否患有阅读拼写障碍呢？患有这种障碍的孩子，在其他方面的发展都很正常，智商并不比同龄孩子低，也能进行逻辑思考。但他们无法对字母进行正确的分类或是组合。因此在拼写测试中，他们的分数会相对较低，85%以上的同龄孩子都比他们有更好的阅读拼写能力。

他们的问题发生在对接收到的信息进行处理的过程中。有"阅读障碍"的人在对听到的信息进行加工时遇到了干扰。例如，当他们听到"o"这个音时，却感知为"u"，或者把"g"听成了"k"，然后把错误的感知结果写下来。通常在此基础上产生的后果就是，他们的记忆力也无法得到很好的发展，以至于词汇的图像也不能正常地储存在他们的影像记忆之中。这又是另一种导致并加重拼写障碍的"发育不全"。就会出现类似把"Mus"当作"Nuss"这样的情况。

患有此类障碍的孩子需要获得有针对性的帮助，但即便通过专业的支持帮助他们掌握了正确的阅读拼写的能力，他们依然很难在这方面拥有较强的优势。但孩子借此可以学习到如何与自己的缺陷相处。为此，他们尤其需要专注力和有效的学习架构，才能更好地倾听和观察。

在给予支持的同时，请一定不用忘记最重要的一点：孩子在专注学习的同时，也要有与之相平衡的生活内容。父母可通过其他能带给孩子乐趣的活动，强化孩子的学习动机，让孩子体验到成就感。

2. 计算障碍

即便孩子在音乐或体育上没有出色的表现，大多数父母也并不会为此而感到焦虑或不安。可如果孩子在"语文"或"数学"上的分数很糟糕的话，父母的反应就全然不同了。他们会因此而非常担心孩子今后的学习生涯和未来的升学之路。

伊内斯上 1 年级时就遇到了困难，10 以内的加减法，她还应付得来。可 10 以上的加减计算，她的手指就不够用了。如今，伊内斯已经上 3 年级了，可她对数字和数量的理解，依然是个灾难。数学课上的内容，她很难消化理解。在学习的过程中，她需要很多的视觉辅助手段来理解数字的概念，否则的话，她根本无法完成她的家庭作业。

与阅读障碍类似，有些孩子——他们在其他方面的能力和表现都不错，可对计算却感到异常困难。这种学习障碍被称为计算障碍。

有计算障碍的孩子对数字和数量缺乏概念。空间感和方向感也较为差，在进行 10 以上的计算时，他们需要具体的视觉辅助手段，例如"数字线"或者串珠。

关于学习障碍的改善方法，应根据孩子的年龄、类型、程度、临床表现以及心理测评结果来确定。一般原则是以接纳、理解、支持和鼓励为主，以改善患儿不良的自我意识，增强其自信心和学习动机，进而根据他们的认知特点，采取针对性的教育治疗，并且尽可能取得父母和学校的配合。具体改善措施如下：

选择适宜的治疗或训练方法。患有学习障碍的孩子常伴随有不良的自我意识、缺乏自信、易放弃努力等特征。要根据其认知特点及发展水平确定治疗计划。治疗期间，始终需要父母的参与和介入，父母务必理解接纳孩子，强化孩子自信心，预防其自我低评价。

持久的耐心和毅力。患有学习障碍的孩子的行为和不适状态甚至可持续至成年。因此无论是孩子父母，还是孩子本人，都需要有持之以恒的耐心和毅力，才能早日改善学习障碍。

早诊断早治疗。为防止患有学习障碍的儿童因基本学习能力缺欠而出现丧失自信、自我评价低下、情绪障碍等继发性障碍,高危儿童(如早产低出生体重儿、难产儿、高烧痉挛史儿童、癫痫儿童、产伤史儿等)的父母应及时进行咨询指导。

第八章 特殊情况——注意力缺陷障碍&学习障碍

- 患有学习障碍,例如阅读拼写障碍或计算障碍,并不是智商低下的表现。
- 有学习障碍的孩子,在其他领域可能会有出色表现。作为父母,应支持孩子在这些领域中的发展。
- 父母可与专业人士一起,为有学习障碍的孩子提供支持,帮助他们接受自己的"缺陷",并学会与之相处。

结束语

"学习"也是可以"学习"的——这句话不仅针对孩子，对各位家长朋友也同样适用。作为家长，如果您不用放大镜看待孩子的错误和缺点，而是努力发掘孩子的天赋和优势，并时常给予孩子肯定，那么，孩子在成长的道路上，便可建立自信，看到自身的价值。在此基础上，您便可以同孩子一起，扫清成长道路上的一切困难和障碍，最终获得成功。

当然，绝大多数的事很难一蹴而就，立即看到成效。请对孩子多一点耐心，当孩子在学习上遭遇挫折时，请您不要气馁，多给予孩子一些鼓励。让孩子感受到您与他是同一战壕里的"战友"，您为他的努力和进步感到自豪。

我们祝愿您，在阅读本书时能获得启发和乐趣，并通过实践，最终令您的孩子学会学习，爱上学习。

伊丽莎白·奥斯特-克劳斯

佩特拉·哈姆